Othmar Keel

Die Bibel mischt sich ein

OTHMAR KEEL

DIE BIBEL MISCHT SICH EIN

PREDIGTEN UND
«WORTE ZUM SONNTAG»

Benziger

CIP-Kurztitelaufnahme der Deutschen Bibliothek

Keel, Othmar:
Die Bibel mischt sich ein: Predigten und «Worte zum Sonntag»/
Othmar Keel. – Zürich; Einsiedeln; Köln; Benziger, 1984.
ISBN 3-545-21054-5

Umschlaggestaltung: Peter Kunz Zürich
Herstellung: Benziger Graphischer Betrieb Einsiedeln
ISBN 3 545 21054 5

Meinem Vater
zum 80. Geburtstag

Inhalt

Vorwort

Es war Mathias Loretan, Zürich, der mich bewogen hat, den nach strikten Regeln funktionierenden akademischen Bereich gelegentlich zu verlassen und mich mit der biblischen Botschaft, wie ich sie aufgenommen habe, einer weiteren Öffentlichkeit zu stellen.
Viele haben mich dabei mit ihren Anregungen, ihrer Zustimmung, ihrer wohlwollenden oder verärgerten Kritik begleitet. Besonders intensiv, detailliert und ausdauernd haben das neben den Leuten vom Fernsehen, bei denen Beruf und Engagement sich oft glücklich verbanden, meine Frau, Hildi Keel-Leu, meine Schwägerin Esther Leu und mein Vater getan. Meine Frau hat zudem die meisten Zeichnungen beigesteuert, die dieses Buch illustrieren.
Die Idee, diese «Worte» mit einer Einleitung versehen zu publizieren, geht auf Martin Stieger, Freiburg, zurück. Es wurde ihm dann aber verwehrt, sein Vorhaben auszuführen. So habe ich das Angebot des Benziger-Verlags dankbar angenommen.

Mai 1984 Othmar Keel

theoretische Für-wahr-halten einer Anzahl von Glaubenssätzen und die Praxis einiger Sakramente, aber keine Lebenspraxis. Was die christliche Lebenspraxis anbelangt, so spielen nach den Evangelien das gebrochene Verhältnis zum Besitz und zur Bereitschaft, diesen mit Gewalt zu verteidigen, sowie der aktive Versuch, den Feind zu versöhnen, eine zentrale Rolle.
Wie weit das gängige Christentum von solchen Verhaltensweisen, die im Glauben an einen nahen, elterlichen Gott wurzeln, entfernt ist, zeigen die Programme der großen, sogenannt christlichen Parteien, wie der deutschen CDU und CSU, der schweizerischen CVP oder der italienischen DC, die alle durch ein ziemlich ungebrochenes Verhältnis zum Besitz und zur Verteidigung desselben durch Gewalt charakterisiert sind.
Die bewußt oder öfter unbewußt akzeptierte Lebenslüge, man sei ein praktizierender Christ, führt dazu, daß über diese christlichen Grundforderungen nur abstrakt gesprochen werden darf, um die Schizophrenie nicht allzu offenkundig werden zu lassen. Von Armut zu predigen wird nur solange als erbaulich empfunden, als nicht von einem konkreten Bodenrecht oder bestimmten Formen des Bankwesens die Rede ist. Versöhnungsbereitschaft, die sogenannte Feindesliebe, wird als einzigartige christliche Errungenschaft gefeiert, solange man sie nicht auf die Russen bezieht. Auf Gewaltlosigkeit als christliche Lehre, die sogar Nichtchristen, wie Mahatma Gandhi beeinflußt hat, ist man stolz, solange man sie nicht mit den eigenen militärischen Anstrengungen in Zusammenhang bringt.
Diese von breiten christlichen Kreisen energisch gefor-

derte und von vielen Predigten von vornherein akzeptierte Schizophrenie zwischen unserem (angeblichen) Bekenntnis und unserer Praxis führt dazu, daß viele Predigten Musterbeispiele für das sprichwörtliche Reden um den heißen Brei werden, wenn nicht in ganz ordinäre Heuchelei ausarten, so z.B. wenn ein Schweizer Feldprediger Gewaltanwendung im Dienste ausgebeuteter Völker in Südamerika verurteilt, während er die eigene Aufrüstung bedingungslos gutheißt.

Ein Vorschlag, das Übel zu mildern

Die gängige Schizophrenie könnte vermieden werden, wenn man von der Voraussetzung ausginge, daß Prediger und Gemeinde zwar mit den Forderungen Jesu sympathisieren, aber in der Regel weit davon entfernt sind, sie zu praktizieren. Das grundsätzliche Eingeständnis, bestenfalls nach alttestamentlichen, aber sicher nicht nach neutestamentlichen Modellen zu leben, würde gestatten, vielen Dingen, die uns wichtig und teuer sind, eine gewisse theologische Würde zu geben, ohne den Abstand, der uns von den Forderungen und der Praxis Jesu trennt, zu verwischen. Der Besitz an Grund und Boden spielt im Alten Testament, z.B. im Deuteronomium (5. Buch Mose), als Geschenk Jahwes nahezu die Rolle eines Sakraments. Der Krieg zur Verteidigung dieses Besitzes ist das Hauptthema des Richterbuches. Die Protagonisten dieses Kampfes werden als Heldinnen und Helden (Debora, Gideon, Jefte) dargestellt. Von David bis zu Judas Makkabäus finden wir Gestalten, die den Verteidigungsanstrengungen einer Nation und den damit verbundenen Opfern eine gewisse theologische Dignität verleihen, aber eben nur eine gewisse, keine jesuanische. Jesus war kein Soldat, er wollte keiner sein, und er gibt keinem Soldaten und keinem Guerillero als solchem theologische Dignität, während der Gott des Alten Testaments durchaus als «Kriegsheld» gefeiert wird. Daneben haben wir im Alten Testament von Joab (2 Sam 24) über Jesaja bis zu Jeremia auch eine ganze Skala differenzierter Kritik am Krieg. Dabei scheint sich die unmittelbare innerweltliche Effizienz zur Reinheit einer jesuanischen Haltung oft umgekehrt proportional zu verhalten. Ein wirksamer Terroranschlag auf Hitler nach dem Muster des alttestamentlichen Helden Ehud (Richter 3) hätte wahrscheinlich unendlich viel mehr Menschen das Leben gerettet als die reine Opfertat Pater Maximilian Kolbes. Sie wäre in ihrem ethischen Gehalt allerdings weniger eindeutig gewesen als diese. Wie mancher Befreier wurde schon zum Tyrannen!

Ebenso wie bei kriegerischer Gewalt liefert das Alte Testament ein differenziertes theologisches Instrumentarium zur Wertung landesüblicher Anständigkeitsnormen, die unter dem Stichwortpaar «rein und unrein» im Alten Testament auch eine gewisse theologische Dignität bekommen, deren Praxis aber nicht, wie das häufig geschieht, als praktiziertes Christentum überzubewerten ist. Die Handhabung eines reicheren Instrumentariums theologischer Modelle, als sie ein schematisiertes Neues Testament bieten kann, würde Prediger und Gemeinde davor bewahren, Glaube und

Praxis schizophren zu trennen und der Botschaft Jesu so ihren vorwärtstreibenden Stachel zu nehmen. Wenn man die Stadt auf dem Berg zu einer Stadt auf einem flachen Hügel, das Licht der Welt zu einer gemütlichen Party-Kerze und das Salz der Erde zu Sacharin und den Schandpfahl des Kreuzes zu allerhand kleinen Verzichten und Opfern, um die niemand herumkommt, hinunterdimensioniert, dann zerstört man die verändernde Kraft des Evangeliums.
Neben der Bagatellisierung der Botschaft Jesu gibt es den anderen Irrweg, alles, was den radikalen Forderungen Jesu nicht entspricht, in den Abgrund des Wertlosen oder gar Negativen zu werfen. Anstelle rein negativer Qualifikationen wie «nicht christlich» liefert das Alte Testament eine reiche Skala differenzierter theologischer Qualifikationen und Modelle, die zwar nicht die Reinheit der Forderungen Jesu erreichen, aber tendenziell in ihre Richtung gehen oder wenigstens als theologisch und menschlich noch anständig eingestuft werden können. Sie bieten einen Ausweg aus der entmutigenden Alternative des alles oder nichts.

Politisches in der Predigt

Aber auch eine differenzierte Skala der Beurteilung befreit den Prediger, dem es um eine realistische Beziehung zu Gott geht, nicht davon, auf allen Stufen der Skala Mängel festzustellen. Die Tragik Israels waren die vielen falschen Propheten, die Heil verkündeten,

wo keines war. So heißt es in den Klageliedern (Jeremias) über die Zerstörung Jerusalems:
«Deine Propheten erschauten dir nur Leeres und Fades. Sie deckten deine Schuld nicht auf, um dein Schicksal zu wenden» (2,14).
Dieses Schuldaufdecken muß konkret geschehen, wenn es überhaupt zur Kenntnis genommen werden soll, und darf nicht nur den privaten, sondern muß auch den öffentlichen Bereich tangieren. Die Meidung des öffentlichen Bereichs bedeutet notwendig eine Verharmlosung der Situation. Solange der öffentliche Bereich ausgeklammert wird, entsteht unweigerlich der Eindruck, grundsätzlich sei alles in Ordnung. Sünde gäbe es nur als einzelne Abweichungen einzelner Menschen, zu denen sich Kirchgänger in der Regel nicht zu zählen brauchen. Als einzelne zu sündigen erfordert ja mindestens ein bißchen Mut. An den allgemeinen Sünden zu partizipieren ist viel einfacher.
Im Bereich dieser öffentlichen, sündhaften Zustände (Fremdarbeiter, Handelsbeziehungen, Dienstverweigerung, Massentierhaltung, Umweltzerstörung, politischer Abstinentismus usw.) ist, das muß noch einmal gesagt werden, das Alte Testament viel besser geeignet, den Prediger zu leiten und zu motivieren als das Neue. Denn das Alte Testament richtet sich viel stärker an ein Volk als an eine Gemeinde. Und in der Volkskirche (vom Wort-zum-Sonntag-Publikum ganz zu schweigen) wendet sich der Prediger viel stärker an eine Art Volk als an eine Gemeinde von solchen, die aus innerer Überzeugung mit Christus sympathisieren. Aber das Alte Testament kann den Prediger nicht nur

auf oft übersehene Themen bringen. Der explizite und bewußte Rückbezug auf die Bibel kann dem Prediger und den Predigerinnen helfen, bei ihrem Geschäft eine häufige äußere und eine ebenso häufige innere Klippe zu überwinden.

«Schuster bleib bei deinen Leisten»

Die äußere Gefahr besteht darin, daß der Prediger, der sich zu öffentlichen Zuständen äußert, schnell mit dem Sprichwort beschossen wird: «Schuster bleib bei deinem Leisten!» Man wirft dem Prediger Inkompetenz vor und erklärt ihm, er verstünde nichts von Militär, Wirtschaft, Mietwesen usw. Die Leute, die dem Prediger so ins Wort fallen, gestehen ihrerseits häufig ein – und es tönt dann wie ein Versöhnungsangebot –, sie ihrerseits verstünden ja auch nichts von Theologie. Aber das hindert sie dann selten daran, den Verkündern und Verkünderinnen des Wortes Gottes sehr genau vorzuschreiben, was sie zu tun und was sie zu lassen haben. Die Kompromißformel lautet meistens dahin, daß dem Interpellanten die Welt, dem Prediger die Kirche zustehe. Hier ist es nun am Prediger, den Spieß umzudrehen und den Interpellanten seinerseits dazu aufzufordern, bei seinem Leisten zu bleiben. Nicht der Interpellant, sondern die Bibel schreibt dem Prediger seine Thematik vor. Und diese umfaßt das Bodenrecht ebenso wie das Militär, die Fremdarbeiter ebenso wie die Tierhaltung, und es ist wichtig, dies durch ein paar korrekt exegesierte Bibelstellen kurz zu belegen.

Es wird dann zwar heißen, diese Bibelstellen seien falsch ausgelegt oder aus dem Zusammenhang gerissen. Die Interpellanten verstehen zwar zugegebenermaßen nichts von Theologie, aber besser als der Theologe wissen sie es auf jeden Fall. Da die Interpellanten, die so reden, ihre eigene Forderung, der Schuster habe bei seinem Leisten zu bleiben, schon wieder übertreten, übersehen sie. Sie treten ohne Hemmungen als Bibelspezialisten auf.

Warum muß ich mir von Militär- und Wirtschaftsleuten sagen lassen, was in der Bibel steht? Ich äußere mich zum Militär nicht als Militärfachmann, der von Waffen und Strategien viel mehr versteht als ich. Ich äußere mich zur Wirtschaft nicht als Wirtschaftsfachmann, der von Gewinnmaximierung weit mehr Ahnung hat als ich. Aber Militär und Wirtschaft haben noch andere als militärische und wirtschaftliche Aspekte, u.a. auch moralische und theologische, und da bin ich als Theologe kompetent.

Daß sich die Theologen nicht immer einig sind, hat nicht viel zu bedeuten. Die Wirtschafts- und Militärfachleute sind es auch nicht, und sie sind doch Fachleute.

Daß es bei diesen ganzen Auseinandersetzungen meistens gar nicht um Kompetenz oder Inkompetenz geht, zeigt eine letzte Beobachtung. Ich darf als Theologe zu Militär, Wirtschaft, Mietrecht usw. durchaus als Theologe reden und niemand ruft «Schuster bleib bei deinem Leisten!», dann nämlich, wenn ich als Feldprediger zu treuem Waffendienst auffordere, dann, wenn ich die CVP, CDU oder die DC in ihrem

ganzen Tun und Treiben als christlich gelten lasse, und wenn ich die Motorradfahrer segne, bevor sie auf öffentlichen Straßen ihre privaten Rennen fahren.
Nach der Trennung von Kirche und Politik wird erst gerufen, von Einmischung erst geredet, wenn sich der Theologe kritisch äußert.

Das Problem der Beschuldigung

Die Rückbindung an die Bibel aber soll, noch mehr als vor diesem äußeren Vorwurf der Inkompetenz, vor der inneren Gefahr des richtungslosen Sprechens bewahren. Die Rückbindung an die Bibel soll uns davor bewahren, zu billigen Psychotherapeuten oder zu Pseudosoziologen mit unklarer Ideologie zu werden.
Die Rückbindung an die Bibel soll uns immer wieder zwingen, über unsere Voraussetzungen und über das Ziel unseres Redens im klaren zu bleiben.
Gerade von der Rückbindung an die Bibel her wird nun aber das oben geforderte Schuldaufdecken im öffentlichen und politischen Bereich mit dem Schlagwort kritisiert: Das Evangelium ist eine Froh- und keine Drohbotschaft. So eingängig das Schlagwort klingt, so weiß doch jeder, daß es eine unzulässige Verkürzung darstellt. Das Evangelium ist kein Zuckerguß, den man über alles gießen kann. Jede Leserin und jeder Hörer der Bibel weiß, daß nicht nur im Alten, sondern auch im Neuen Testament Segen und Fluch, Selig und Wehe nicht zu trennen sind. Der Erfolg des Schlagworts läßt sich nur so erklären, daß

das Wehe häufig an die falsche Adresse gerichtet wurde. Man hat z. B. vergleichsweise harmlose Vergehen im Bereich der Kirchendisziplin (Gottesdienst- und Sakramentenbesuch) und der Sexualmoral mit massivsten Drohungen belegt und leicht beeindruckbaren Menschen so sinnlos bedrückende und fast unausrottbare Schuldgefühle eingepflanzt, während schwerste soziale Ungerechtigkeiten in der Predigt vergleichsweise selten thematisiert wurden. Man hat den Liberalismus, den Sozialismus u. ä. Weltanschauungen pauschal verurteilt, aber kirchliche Herrschsucht, Rechthaberei, Heuchelei und Selbstgerechtigkeit meist konsequent übersehen. Auf solche Zustände mit Frohbotschaft statt mit Drohbotschaft zu reagieren, ist nur eine neue Variante des Heil-Heil-Rufens der falschen Propheten, des Heil-Rufens, wo kein Heil ist.
Die neutestamentliche Frohbotschaft gilt nicht einfach allen und allem. Sie ist mit einer genauen Adresse versehen, und diese Adresse sind die Armen. Hier kommt nun ein zweiter gewichtiger Einwand. Mit der Frohbotschaft für die Armen würde man nur sonst schon vorhandene Ressentiments verstärken. Nun sind Ressentiments gegen die Reichen und Privilegierten, antiimperialistische, antirömische, aber auch antikommunistische u. a. Affekte meist nicht ohne Schuld derjenigen entstanden, gegen die sie sich richten. Es ist nichts als intellektuelle Redlichkeit, das zu sehen und diese Affekte und Ressentiments nicht einfach denjenigen anzulasten, die von ihnen geplagt werden, sondern denen, die sie verursacht haben. Dennoch besteht natürlich die Gefahr, daß die Opfer nun die Selbstgerech-

tigkeit derer übernehmen, die sie eingeengt, arrogant behandelt und in ihren legitimen Rechten eingeschränkt haben. Es ist eine der schwierigsten Aufgaben des Predigers, dies zu verhindern. Er kann das vielleicht, indem er den paradigmatischen Charakter der denunzierten Sünden (paradigmatisch auch für seine eigenen und die Sünden der Gemeinde) andeutet und indem er den oft uneingestandenen Wunsch der Knechte aufdeckt, ihrerseits Herren zu werden, den Wunsch der Opfer aufdeckt, die Rolle der Henker zu spielen. Dadurch sollen nicht die momentanen Herren und Henker entschuldigt, aber es soll doch verdeutlicht werden, daß durch die Erfüllung mancher geheimer Wünsche der «Kleinen» die Spielerinnen und Spieler der großen comédie humaine zwar ausgewechselt, das Spiel aber nichts an Traurigkeit verlieren würde. Das Ziel der Verkündigung kann ja aber immer nur sein, das Trauerspiel menschlicher Selbstbehauptung in das Lustspiel göttlicher Vergebung und Versöhnung zu verwandeln.
An diesem Punkte ist der Einwand denkbar, es sei doch eine Perfidie oder wenigstens ein bauernschlauer Trick des Predigers, zuerst alle für schuldig zu erklären, um dann als großer Retter auftreten zu können. Aber darauf läßt sich erwidern, daß in keinem Bereich eine Besserung oder Heilung möglich ist, ohne zuerst die Diagnose zu stellen. Ich erinnere mich, wie meine Frau und ich in Begleitung eines Handwerkers ein Haus besichtigten, das zu kaufen war. Der Handwerker faßte alles mit kräftigen Händen an. Vieles war morsch und locker. Vieles hielt seinem Zugriff, seinem

prüfenden Auge nicht stand. Im Keller trat er mit den Schuhen gegen den Verputz, daß dieser nur so herunterbröckelte. Dabei erklärte er, dies und jenes müsse von Grund auf neu gemacht werden. B. Brechts Anti-Hitler-Gedicht kam mir in den Sinn:

«Der Anstreicher Hitler
Sagte: Diesen Neubau hat's im Nu!
Und die Löcher und die Risse und die Sprünge
Das strich er einfach alles zu.»
(Aus B. Brecht «Das Lied vom Anstreicher Hitler»)

Vielleicht war Brecht vom Propheten Ezechiel zu diesem Gedicht angeregt worden. Dieser Prophet sagte von den falschen Propheten, sie hätten Heil gerufen, wo kein Heil war, so wie man eine schadhafte Mauer einfach übertüncht, statt sie von Grund auf neu zu bauen (Ezechiel 13,1–16).

Unser Handwerker war kein Hitler und kein falscher Prophet. Er führte uns nicht hinters Licht, sondern rückte alles ins rechte Licht. Wir sahen vom Kauf ab. Die nötigen Renovationen wären zu kostspielig gewesen. Ob vom Maurer oder vom Zahnarzt, ob vom Elektriker oder vom Psychotherapeuten, letztlich will man doch die Wahrheit hören, auch vom Theologen. Man schreit und protestiert zwar häufig, wenn er sie sagt, aber man nimmt ihn wenigstens ernst.

Um ernst genommen zu werden, muß die Diagnose möglichst realistisch sein. Dabei können, wie in allen andern Fachbereichen, verschiedene Diagnosen trotzdem voneinander abweichen und in Einzelheiten ungenau sein. Entscheidend ist, daß die Gesamteinschätzung einigermaßen stimmt. Theologisch betrachtet ist das Grundübel meist eine Spielform jener heuchlerischen Selbstgerechtigkeit, die die Situation des Menschen vor Gott und gleichzeitig in bezug auf den Mitmenschen verfälscht. Die letzte Bastion dieses Grundübels wird meist mit dem Argument verteidigt: «Das sind doch alles Heuchler. Wir geben wenigstens zu, daß wir Schurken (arme Sünder) sind.» Wer so denkt und redet, *ist* ein Schurke, so wie jener, der sagt, er verstehe nichts von Theologie, in der Regel auch nichts versteht. Mit der Einsicht ins Defizit ist dieses nicht behoben. Sie kann zwar die Voraussetzung zum ersten Schritt zur Besserung sein. Sie schon für die Besserung zu halten, ist ein böser Selbstbetrug.

Von der Diagnose zur Heilung

Wie man vom Diagnostiker eine ehrliche und realistische Diagnose erwartet, so darf man auch erwarten, daß er einem nicht nur die perfekteste als mögliche Lösung des Problems vorschlägt. Das gilt auch für den Theologen. Das Evangelium kennt gestufte Renovationsvorschläge. «Was muß ich tun», frägt der reiche Jüngling, «um das ewige Leben zu erlangen?» Jesus antwortet: «Halte die Gebote!» Der junge Mann erwidert: «Das tue ich!» Erst jetzt schlägt Jesus die teurere Lösung vor: «Willst du vollkommen sein, dann gehe hin, verkaufe, was du hast...» (Mt 19,16–22). Es sind noch mehr Stufen der Renovation denkbar.
Man kann sich z.B. folgende vier vorstellen:

1. Die Einsicht, daß einem alles, was man an Fähigkeiten besitzt, geschenkt ist.
2. Die Konsequenz daraus ziehen: Jene, die weniger fähig sind, können dafür nicht verantwortlich gemacht werden. (Das ist eine sehr schwierige Selbstverständlichkeit!)
3. Wahrnehmung der Pflicht, seine Talente und Fähigkeiten zu nutzen.
4. Nutzung der eigenen Talente nicht zur Selbstdarstellung, sondern in Liebe zu Gott und dem Nächsten.

Der erste Schritt, eine Beziehung zu Gott zu schaffen oder eine lädierte Beziehung zu renovieren, heißt wahrscheinlich zur Kenntnis nehmen, daß die Welt lange vor uns gewesen ist, daß sie lange nach uns sein wird, daß wir eigentlich und vorerst einmal keine Ansprüche zu stellen haben. In. B. Brechts Gedicht «Man sollte nicht zu kritisch sein» steht frei nach Psalm 8:

«Wer von einem Sternenhimmel eine
Vorstellung hat
Der
Könnte eigentlich sein Maul halten.»

Wir verdanken uns und jeden Atemzug, den wir tun, der Freundlichkeit Gottes. Wir sind von dieser Freundlichkeit ganz abhängig. Die traditionelle theologische Sprache nennt sie «Gnade». Mit der Anerkennung des Primats der Freundlichkeit Gottes wird Sein Name geheiligt.

Die Einsicht, nichts, weder die körperlichen noch die geistigen noch die religiösen Kräfte und Fähigkeiten sich selber zu verdanken, führt dazu (sollte dazu füh-

ren), auf die defizitäre Lage der andern nicht mit Verurteilung zu reagieren, sondern mit Respekt für ihre Lage und der Bereitschaft zu helfen. Wer die Freundlichkeit und Freigebigkeit Gottes erfahren hat, der hat sie umsonst erfahren, umsonst sollte er deshalb dieses Wohlwollen und diese Freundlichkeit weitergeben.
Es gibt nichts Ärgerlicheres als der Knecht, dem der göttliche Herr alle Schulden erlassen hat und der geht und seinen Mitknecht würgt, bis ihm dieser den letzten Cent bezahlt. «Vergib uns unsere Schuld, wie auch wir vergeben!»
Diese beiden Schritte, die Einsicht in unsere Abhängigkeit vom wohlwollenden Gott und die daraus resultierende Verpflichtung zu einem entsprechenden Wohlwollen unseren Mitmenschen gegenüber, sind die Basis einer christlichen Gottesbeziehung. Sie sind die Frohbotschaft für die Armen und müssen in der Verkündigung einen bevorzugten Platz einnehmen. Jesus faßt sie in dem oben zitierten Gespräch mit dem reichen Mann in der Belehrung zusammen: «Was nennst du mich gut!? Niemand ist gut als Gott allein!»
Mit dieser guten Nachricht für die Armen wird man bei jenen Mühe haben, deren selbstverantwortetes, erfolgreiches Leben ihnen die Illusion verschafft, sie seien niemandem zu Dank verpflichtet. Sie hätten alles mit dem eigenen Willen, mit der eigenen Kraft geschafft. (Woher kommen diese?) Diese Leute neigen der Meinung zu, sie könnten gleich mit der Sanierungsstufe 3 beginnen, mit der eigenen Verantwortung, mit dem Wuchern mit den eigenen Talenten, mit den eigenen Leistungen und Erfolgen. Man kann das

bis zu einem gewissen Grad verstehen, denn Phase 3 ist eine bedeutsame Phase. Im Gespräch mit dem reichen jungen Mann wird sie durch das Halten der Gebote charakterisiert. J.W. v. Goethe feiert sie in seinem «Vermächtnis altpersischen Glaubens» etwas übertrieben mit den Worten:

«Schwerer Pflichten tägliche Bewahrung
Sonst bedarf es keiner Offenbarung!»

Aber ohne die Basis von Phase 1 und 2 führt 3 leicht zu einer peinlichen Selbstgerechtigkeit, der die eigenen paar Talente den Blick auf die tatsächliche Lage des Menschen verbauen, so daß er engstirnig und dümmlich wird.

Ohne Talente gibt es kein Wuchern mit Talenten, und die Talente sind geschenkt. Wer Geschenke annimmt, aber von den Verpflichtungen absieht, die mit ihrer Annahme verbunden sind, ist vor Gott ungerecht und den Menschen gegenüber unanständig. Nur nach Sanierungsphase 1 und 2 kann Phase 3 positive Resultate zeitigen. Ohne die Basis der beiden andern Phasen ist die Gottesbeziehung von Phase 3 ein Haus auf Sand, eine rissige Mauer, die nicht renoviert, sondern nur übertüncht worden ist. Ein verantwortliches tätiges Leben auf der Basis von 1 und 2 ist hingegen ein erfreulicher Anblick vor Gott und den Menschen. Da wird getan, was getan werden muß und die Zeit nicht mit Basteln vertrödelt. Es sind Menschen, auf deren Hilfe und Diskretion man jederzeit zählen kann.

Phase 4 aber führt noch einen Schritt weiter. Sie führt über das Eingehen auf die Erfordernisse des Reiches Gottes und die damit verbundenen Nöte und Entbehrungen in die Intimität Gottes. Wenigen sind die Talente verliehen, sich eine so kostspielige Sache zu leisten, wenigen ist soviel Glaube und Hoffnung gegeben, um damit die Schwerkraft der Selbstrechtfertigung und Selbstdarstellung ganz überwinden zu können. Wer als denkender und gläubiger Mensch die Bergpredigt liest, wird davon immer wieder im tiefsten erschüttert werden. Und wo ein Mann oder eine Frau auch nur ein Stück weit vom Geiste Gottes getrieben alle selbst geschaffenen Sicherungen, ja das eigene Leben hintanstellt und sich ganz auf die Wahrheit und Liebe Gottes einläßt, da sind die Stadt auf dem Berge und das Licht der Welt mitten unter uns. Wie alles ganz Große und ganz Richtige scheint es leicht und selbstverständlich, und doch ist dieses unsägliche Leuchten des Reiches Gottes so selten wahrzunehmen. Es ist die Aufgabe der christlichen Verkündigung, mindestens die Sehnsucht danach wachzuhalten, nicht zuletzt dadurch, indem sie alle falschen Ansprüche, Stadt auf dem Berg und Licht der Welt zu sein, energisch zurückweist.

Der biblische Gott . . .

Die Ungerechtigkeit Gottes ...

Die größte Dürre ... die verheerendsten Überschwemmungen ... das schwerste Erdbeben. Bei solchen Rekorden stößt dem denkenden gläubigen Menschen immer wieder die unangenehme Frage auf: Warum läßt Gott das zu, warum macht er das? Ist Gott denn ein Sadist, der lacht, wenn wehrlose Opfer zugrunde gehen? Oder ist er, wenn man die gemeinen Ungerechtigkeiten auf der Welt sieht, eine Art Mafia-Boß, der mit Ausbeutern aller Art unter einer Decke steckt? Und wenn er nicht verrückt oder kriminell ist, warum hat er die Welt gemacht, wenn er es nicht besser konnte?

Diese brutal *direkten* Vorwürfe stammen nicht von irgendeinem überkritischen Modernen. Sie sind 2500 Jahre alt und stehen im biblischen Buch Ijob (die Katholiken lasen früher Job, evangelische Christen Hiob). Vielleicht erstaunt sie das ein wenig, denn in der gekürzten Auswahl der Schulbibel ist uns Ijob in Wort und Bild *(Abb. 1)* als der *geduldige* Ijob geschildert worden. Auch außerhalb der Schulbibel habe ich kein Bild gefunden, auf dem Ijob nicht wie hier mit der sprichwörtlichen Ijobsgeduld auf einem Misthaufen gehockt wäre. Dabei dauert die Geduld des wirklichen biblischen Ijob nur ganz kurz und seine Klagen und Vorwürfe füllen Seiten. Warum hat man uns so nachdrücklich den geduldigen Ijob in die Stube gestellt und den klagenden, anklagenden und protestierenden völlig ausgeblendet?

1. Der geduldige Ijob ist in Wort und Bild intensiv propagiert worden. Den ebenso biblischen fragenden, anklagenden und rebellierenden Ijob hat man einer weiteren Öffentlichkeit vorenthalten.

Wie alle Autoritäten propagieren natürlich auch die kirchlichen lieber geduldige als ungeduldige Vorbilder. Aber das Verlangen nach Ruhe und Ordnung und klaren Entscheidungen steckt nicht nur in den Behörden.

Der ungeduldige biblische Ijob mit seinem Leidensdruck, seinem Aufbegehren, seinem Protest und seiner Sehnsucht ist uns vielleicht sympathisch. Aber gleichzeitig ist es uns doch auch fremd, wie er mit seinem Gott herumstreitet und doch nicht von ihm loskommt. Wie er protestiert und aufbegehrt und doch immer wieder zu ihm zurückkehrt. Wir sind nicht bereit, uns mit Problemen zu beschäftigen, die man nicht mit

Technik, mit Methode lösen kann. Entweder sind wir, wie der geduldige Ijob, mit Gott und seiner Welt zufrieden, oder, wenn das nicht so ist, ziehen wir die Konsequenzen und lassen Gott Gott sein. Entweder entspricht er uns, oder wir trennen uns von ihm. Wir gleichen doch eher Ijobs Freunden. Sie sind gekommen, um Ijob zu trösten. Aber wie Ijob anfängt zu klagen, da halten sie es nicht lange aus. Sie wollen etwas tun, sie wollen helfen, sie geben ihm gute Ratschläge. Und wie er ihre Ratschläge nicht annehmen kann, da sagen sie ihm zuerst durch die Blume und dann immer deutlicher: Dann bist du selber schuld. Er ist ganz selber schuld.

Wie Ijob die ganze leidende Menschheit in seine Klagen einbezieht – heute würde er auf das Elend in der Dritten Welt hinweisen – und Gott mit Vorwürfen überhäuft, da fühlen sich die Freunde verpflichtet, Gott zu verteidigen: Not und Elend, sagen sie, kommen nicht umsonst. Menschliche Bosheit, Unvernunft und Schlamperei sind daran schuld. «Die dort unten müssen halt etwas arbeiten.» Dabei wissen wir ganz genau, daß die dort unten sehr gerne arbeiten würden, wenn sie nur könnten. Wir werden schnell ungerecht und fies, wenn wir übersehen, wieviel schuldloses Unvermögen die Menschen quält, wieviel ungebändigte Dämonie in der Welt ist.

Ijob kann denn auch die billige und selbstgerechte Theorie seiner Freunde ganz einfach mit dem Hinweis auf sein eigenes Schicksal wiederlegen. Er ist, wie seine Freunde ganz genau wissen, ebenso erfolgreich wie gerecht gewesen. Er besaß Herden, die er kaum zählen konnte. Er hat seinen Reichtum großzügig geteilt. Wirbelstürme, Krankheiten und andere Schicksalsschläge, die völlig außerhalb seiner Kontrolle lagen, haben ihn in tiefstes Elend geworfen. Und jetzt fordert er Gott auf, er soll sich erklären. An diesem Punkt läßt der Autor dieser Dichtung, die nach 2500 Jahren nichts an Aktualität eingebüßt hat, Gott selber erscheinen. Die Antwort, die der Dichter Gott geben läßt, ist eigenartig und überraschend.

... die vielleicht doch Gerechtigkeit ist

Der biblische Ijob verkörpert den Menschen, der ohne eigene Schuld leidet. Er verkörpert den Menschen, der sein Leiden nicht geduldig hinnimmt. Er ist nicht (nur) der Geduldige, als den man ihn kennt. Der biblische Autor hat die Figur Ijobs im Gegenteil dazu benützt, alle Klagen, alle Flüche und alle Sehnsucht, die die Menschen schon zum Himmel hinaufgeschickt haben, in einem gewaltigen Protest zusammenzufassen. Gott wird dabei nichts geschenkt. Nachdem der Dichter die leidende Menschheit so hat ausreden lassen, läßt er nun mit ebensoviel Leidenschaft und ebenso unbekümmert Gott seine Welt verteidigen, als ob es um einen Streit zwischen Gleichgestellten ginge. Da wir aber alle – ich hoffe es – stärker als Menschen, denn als Gott fühlen, ist anzunehmen, daß uns das Plädoyer des Menschen mehr einleuchtet als das von Gott.

Ein erster Grund, warum Gott Mühe hat, ergibt sich aus der Journalistenweisheit: Good news are no news, d.h. «Gute Neuigkeiten sind keine Neuigkeiten!» Wer über Kriege, Katastrophen und Verbrechen berichtet, stößt immer auf lebhaftes Interesse. Aber stellen sie sich vor, in den Nachrichten käme: «Auch heute ist es zur erwarteten Zeit wieder Morgen geworden. Das Trinkwasser fließt klar und brauchbar aus allen Röhren. Kein Küstenort wurde diese Nacht vom Meer überflutet.» Alle würden sagen: Was ist passiert? Besteht denn Gefahr oder spinnt der? Das Gute ist das Normale. Gute Neuigkeiten sind keine Neuigkeiten.

Gott aber sagt zu Ijob: Wundere dich, daß überhaupt etwas da ist und nicht einfach nichts. Du hättest hören sollen, wie meine Engel geschrien haben, als ich die Erde machte, wie Fans, die vor Begeisterung übergeschnappt sind.

Und dann hat Gott noch einen zweiten Punkt. Ijob, so sagt er, du hast Bilanz gezogen und meine Erde für bankrott erklärt. Nichts als sinnlose Leiden, Willkür und Verbrecherherrschaft! Aber verfügst du denn über die nötigen Unterlagen, um Bilanz zu ziehen; hast du die Übersicht? Und dann läßt der Dichter Gott auf einen dritten Aspekt hinweisen. Um diesen Ijob einsichtig zu machen, mobilisiert er eine Flut von tollen Bildern. Ich kann nur eines herausgreifen. Gott verweist da auf den Hausesel *(Abb. 2)*, der geduldig die

2. Der Hausesel, der jede Last, die man ihm aufbürdet, geduldig trägt, wird als nützlich und gut eingestuft. (Ägyptisches Relief aus einer Grabanlage in Sakkara, um 2400 v. Chr.)

schweren Lasten trägt und der dem Stock des Treibers schön brav gehorcht. Ihn findest du, so sagt Gott zu Ijob, nützlich und gut. Den Wildesel aber, der die Steppe bewohnt und gelegentlich in deinen Feldern herumrandaliert, den jagst du erbarmungslos und bekämpfst ihn, wo du nur kannst *(Abb. 3)*. Er nützt dir nichts und so findest du ihn schlecht. Der Wildesel will aber viel lieber ein Wildesel sein als ein braver Hausesel. Ihm gefällt sein Wildeselleben trotz seiner Härten und Gefahren. Der Wildesel, so sagt Gott, hat ebensoviel Existenzberechtigung wie der Hausesel. Ich

3. Die Wildesel (Onager), die frei umherziehen und gelegentlich in die Felder eindringen, werden rabiat verfolgt. (Relief aus dem Palast Assurbanipals in Ninive, 7. Jahrh. v. Chr.)

habe ihn geschaffen und bin sein Herr *(Abb. 4)*. Er lebt nicht außerhalb meiner, nur außerhalb deiner Ordnung. Und eure Ordnung, so könnte Ijobs Gott heute zu uns weiterfahren, ist so langweilig und öd wie eure grünen Rasen. Da findet keine Biene mehr Honig und kein Fink einen Samen zum Picken. Mein Naturgarten, den ihr als Unkraut verschimpft, ist viel bunter und lebensfreundlicher. Und seine Ordnung ist eine wundervolle Ordnung, die für euren auf Zweck getrimmten Verstand nur zu kompliziert ist.

4. Gott stellt sich als Herr der Tiere und der Wildnis dieser Sicht entgegen, die den Profit des Menschen zum alleinigen Maß der Schöpfung macht. (Rollsiegelabdruck aus Nordostsyrien, 14./13. Jahrh. v. Chr.)

Zu Ijob aber sagt Gott in einem letzten Anlauf: Wo wirklich böse Mächte sind, da kämpfe ich gegen sie bis aufs Blut. Damit erklärt er Ijob weder das Böse noch das Leiden. Aber er zieht ihn in sein Geheimnis und in seinen Kampf hinein und in sein Vertrauen, dieser Kampf werde gut enden.

Ein Argument braucht Gott nicht, nämlich das *beliebte* Argument: Die Menschen sind selber schuld. Es ist sehr auffällig, daß der Ijob-Dichter Gott dieses beliebte Argument nicht brauchen läßt. Dafür brauchen es die von Ijob und von Gott abgewiesenen früheren Freunde Ijobs um so mehr. Es gibt Fälle, wo echte menschliche Schuld, menschliches Versagen wirkliches Unheil erklärt. Aber wahrscheinlich benützen wir dieses Erklärungsmodell viel zu oft.

Manche Leute haben die Kirchen am liebsten als eine Art Heimatschutz oder religiösen Trachtenverein, der schöne alte Bräuche pflegt. Ich rieche frisches Tannenchries auch gern und finde Kerzenflammen auch heimelig. Aber die Kirche bedeutet für mich doch mehr als das, und so genügt es mir nicht, daß ihre Bräuche alt und schön sind. Ich möchte wissen, was sie bedeuten, daß sie etwas für uns bedeuten.

Wie die meisten kirchlichen Bräuche und Symbole hat auch der Adventkranz eine zeitlose, natürliche Bedeutung, eine, die an der Vergangenheit und eine, die an der Zukunft orientiert ist.

Als zeitloses Symbol stellt er die Regenerationskraft der Natur dar. Während draußen das Dunkel und die Kälte immer größer werden, erstarken heimlich die Kräfte, die zu einem neuen Sieg des Lichtes und des Lebens führen.

Wer über die Verbundenheit mit der Natur, über diese Naturreligion hinaus noch eine gewisse Verbundenheit mit der Menschheitsgeschichte und besonders mit der Israels verspürt, der sagt vielleicht: Die vier Kerzen symbolisieren die traditionellen 4000 Jahre, die die Menschheit auf den Erlöser gewartet hat. Das ist die an der Vergangenheit orientierte Deutung. Sie war in meiner Kindheit gang und gäbe.

Nach dem Zweiten Weltkrieg haben wir im Gespräch mit den Juden gelernt, daß wir Christen den Christus, den Messias, nicht nur in der Vergangenheit suchen, sondern wie die Juden ebensosehr von der Zukunft erwarten sollten. Wir bekennen ja auch im Credo den, *der kommen wird*, und beten im Vater Unser: «Zu uns komme dein Reich.»

Aber da frägt man sich dann bald einmal: Glauben wir Christen tatsächlich, daß das Reich Gottes im Kommen ist und dann noch sozusagen von selbst, automatisch, wie es im Markusevangelium heißt (4,28)? Wenn man gewisse kirchliche Sprachregelungen beachtet, hat man den Eindruck, das Kommen des Reiches Gottes mit seiner Gerechtigkeit hänge ganz und gar von uns ab. So, wenn es etwa heißt: «Gott braucht Menschen» oder «Gott hat keine Arme als die unseren», oder wenn gesagt wird, gewisse triste Zustände würden Gott beleidigen. Solche Redensarten, so einleuchtend sie klingen, stellen die Wirklichkeit auf den Kopf. Zur letztgenannten Redensart hat der Prophet Jeremia gesagt: Mit euren Sünden beleidigt ihr nicht Gott, sondern euch. Und man könnte weiterfahren: Gott braucht die Menschen nicht, die Menschen brauchen ihn. Und er hat nicht nur die Arme der Gläubigen, sondern die der ganzen Menschheit zur Verfügung, ob sie will oder nicht. Man hat doch manchmal allzusehr das unangenehme Gefühl, die Existenz Gottes hänge von den Mitgliederzahlen der Kirchen ab, wie die Weiterexistenz einer seltenen Tierart von der des WWF (World Wildlife Fund, eine weltweite Organisation zur Erhaltung des Artenreichtums der Tierwelt).

Da hatten die Propheten Israels doch mehr Ahnung von der Gewalt Gottes und ein besseres Gespür für seine Souveränität. Da hat der Prophet Jesaja von der damaligen Großmacht, von Assur und seinen gefürchteten Heeren gesagt, daß Gott sie herbeigepfiffen habe (Jesaja 5,26). Der Prophet Jeremia hat 100 Jahre später den traditionsstolzen Babylonierkönig, der den Tempel in Jerusalem angezündet und das Allerheiligste samt der Bundeslade verbrannt hat, als Knecht Gottes bezeichnet (Jeremia 27,6), und 70 Jahre später hat ein anonymer Prophet den Perserkönig, der die nach Babylon verschleppten Juden in ihre Heimat zurückkehren ließ, den höchsten religiösen Ehrentitel verliehen, den Israel zu vergeben hatte: Gesalbter des Herrn (Jesaja 45,1).

Auch in unserer Zeit setzt Gott seinen Willen durch. Wenn die kirchliche Moral zu einer vordergründigen Haarspalterei um das sechste Gebot entartet, kann Gott auch durch einen Atheisten wie Freud auf die Abgründe der menschlichen Psyche aufmerksam machen. Wenn die Kirche auf die sozialen Probleme, die die Industrie schafft, nur zögernd eingeht, kann er deren Dringlichkeit durch einen Atheisten wie Marx ins rechte Licht setzen. Es geht nicht darum, Freud oder Marx heiligzusprechen. Die Assyrer-, Babylonier- und Perserkönige waren auch keine Heiligen.

Ich möchte nur sagen, daß das Reich Gottes, das wir da mit unseren Kerzen ankünden, kommt, ob wir wollen oder nicht. Es kommt nicht auf unseren Schultern. Wir müssen es nicht schleppen. Für uns stellt sich nur die Frage, ob das, was wir tun und worum wir uns mühen, im Licht und im Feuer Gottes Bestand haben wird – oder nicht.

Wir interessieren uns meistens mehr für die Früchte eines Baumes als für seine Wurzeln, mehr für Konsequenzen als Voraussetzungen, aber damit wir die Konsequenzen klar und mutig ziehen können, müssen wir immer wieder die Voraussetzungen bedenken, und die Grundvoraussetzung einer biblisch-christlichen Sicht und einer biblisch-christlichen Haltung ist das Geheimnis der heiligsten Dreifaltigkeit.
Manche von Ihnen können mit diesem Geheimnis wahrscheinlich nicht viel anfangen. Manche Zeitgenossen können sich Gott überhaupt nicht als persönliches Wesen in menschlichen Bildern vorstellen. Wie die Sekundarschülerin, die diese Zeichnung *(Abb. 5)* gemacht hat, stellen sie sich Gott, wenn überhaupt, lieber in physikalischen Bildern vor, z. B. als ein großes Kraftfeld, das ständig auf uns einwirkt. Natürlich haben solche physikalischen und ähnlichen Bilder etwas

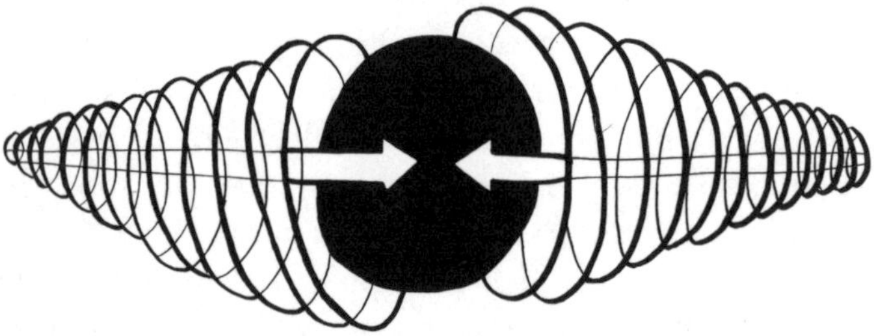

5. Manche glauben, Bilder aus der Naturwissenschaft könnten das Geheimnis der Welt angemessener zum Ausdruck bringen als das Bild eines menschengestaltigen Gottes. (Schülerinnenzeichnung)

6. Viele Völker haben entscheidende Faktoren dieser Welt als Manifestation göttlicher Mächte aufgefaßt und sie menschengestaltig dargestellt. So verherrlicht diese ägyptische Stele aus dem 13. Jahrh. v. Chr. in der Figur des Gottes Min (links außen) die sexuelle männliche Potenz, in der Gestalt der Qudschu (Mitte) die Faszination der weiblichen Reize und in der des Reschef (rechts außen) die Brachialgewalt des Krieges. Im untern Register ein Verehrer und eine Verehrerin.

Faszinierendes. Aber ich finde den Menschen nach wie vor doch faszinierender und geheimnisvoller als jede noch so interessante physikalische Gegebenheit und stelle mir darum Gott nach wie vor lieber in menschlichen Bildern vor.

Schon die Nachbarn des alten Israel haben sich das Geheimnis unserer Welt in einer Vielzahl von meist menschengestaltigen Göttern vorgestellt, wie z.B. auf diesem Bild *(Abb. 6)*. Im Zentrum stand häufig die Kraft der Sexualität, hier in der Mitte die weibliche, links die männliche. Auch die militärische Gewalttätigkeit, hier durch den schwer bewaffneten Gott rechts verkörpert, faszinierte die Menschen immer wieder. Sexualität und Gewalttätigkeit, Liebe und Destruktion sind zeitlose Götter.

Es war das Verdienst der Propheten Israels, bei aller Faszination, die Erotik und militärische Gewalt bis heute besitzen, ihre Vordergründigkeit durchschaut zu haben. Die Propheten haben die verwirrende Vielzahl der Kräfte auf einen *(Abb. 7)* gewaltigen, einheitlichen Willen zurückgeführt, der den Menschen auf ganz neue Art in Pflicht nimmt und vor dem sich der Mensch zu verantworten hat. Aber vor lauter Wille und Autorität weiß man manchmal gar nicht mehr, was eigentlich der Sinn dieser Autorität ist. Der strenge Eingottglaube, wie ihn das Judentum und der Islam offiziell bekennen, hat die Tendenz, zu einer reinen Gehorsamsreligion zu werden. Gott ist groß und Gott will das und jenes. Aber warum er das und jenes will, weiß man im reinen Eingottglauben oft nicht zu sagen.

Der große Chef mit dem starken Willen (Eingott-

7. Die Propheten Israels haben der verwirrenden Vielzahl der Mächte einen einzigen Willen gegenübergestellt, der die Welt als Schöpfung gestaltet. Der Holzschnitt aus dem 15. Jahrh. n. Chr. stellt die Vision des Propheten Ezechiel (Kap. 1) dar. Gott thront hoch über den verschiedenen Zonen des Himmelsgewölbes mit ihren Winden, Engeln, Mächten und Gewalten ins splendid isolation. *Wer ist er? Was will er?*

glaube), wie auch die Vielzahl von Kräften, die sich bald verbünden, bald bekämpfen (Vielgötterei), spiegeln alltägliche menschliche Wirklichkeiten.
Im dreieinigen Gott aber wird nicht einfach eine alltägliche menschliche Wirklichkeit auf die göttliche Ebene übertragen. Und das ist wahrscheinlich der Grund, warum Bilder der Trinität immer unbefriedigend sind *(Abb. 8)*. Denn es geht bei diesem Geheimnis darum, zwei Personen darzustellen, die die menschliche Ur-

8. Das Wesen des dreieinen Gottes ist die Liebe. «Vater» und «Sohn» sind eins im «Geist», der durch das uralte Liebessymbol der Taube dargestellt wird. (Französische Miniatur aus dem 15. Jahrh. n. Chr.)

sehnsucht, sich als Persönlichkeit zu verwirklichen, uneingeschränkt verwirklichen, die aber gleichzeitig die ganz andere, dieser entgegengesetzte menschliche Ursehnsucht verwirklichen, nämlich dauernd in intimster Gemeinschaft geborgen zu sein. Auf menschlicher Ebene sind diese beiden entgegengesetzten Sehnsüchte nicht zu versöhnen. In der Trinität sind sie im Heiligen Geist versöhnt, der in Gestalt der Liebesbotin, der Taube, dargestellt ist. Das Wesen des monolithischen *einen* Gottes ist nie recht zu fassen. Das Wesen des dreieinigen Gottes ist von dieser Struktur her als «Liebe» zu bestimmen, wie der erste Johannesbrief sagt: «Gott ist Liebe.» Liebe als Verbundenheit von Personen, die radikal sich selber und doch so radikal eins sind, daß sich diese Einheit als sie beide bestimmender und, so Gott will und wir offen sind, auch uns bestimmender Geist erfahrbar wird.

Gottes Vorstellung vom Zentrum

Advent und Weihnachten lenken unsere Gedanken immer wieder einmal nach Nazaret, nach Betlehem, ins Heilige Land. Die Menschwerdung Gottes in einem bestimmten Land, in Nazaret, in Betlehem hat natürlich wie alles Geschichtliche etwas Willkürliches, etwas Zufälliges an sich. Aber *nur* zufällig, *nur* willkürlich, davon bin ich überzeugt, ist es auch wieder nicht, daß das Geheimnis der Welt gerade in diesem Land in Menschengestalt erschienen ist. Mindestens zwei Eigenschaften haben dieses Land, so scheint mir, für dieses Ereignis besonders geeignet gemacht.

Eine erste Eigenschaft wird deutlich, wenn wir einen Blick auf *die* Hälfte der Erdkugel werfen, auf der die großen Landmassen konzentriert sind. Da fällt einem sofort auf, daß die östliche Mittelmeerküste, wo Israel liegt, ein sehr zentral gelegenes Gebiet ist *(Abb. 9)*. Von sehr vielen Ländern her ist es mit dem Schiff zu erreichen. Die ganze Nordküste Afrikas, die ganze Südküste Europas können mit diesem einfachen und alten Verkehrsmittel nach Palästina kommen, das seinerseits schon zu Asien gehört. Als einzige Länder am Mittelmeer haben Ägypten und Israel/Palästina aber durch das Rote Meer auch noch einen direkten Zugang nach Arabien, nach Ostafrika und zum Indischen Ozean. Aber nicht nur Wasser-, sondern auch berühmte Karawanenwege kommen an der östlichen Mittelmeerküste zusammen, so die Weihrauchstraße aus Süd-

9. Das winzige Palästina/Israel liegt im Schnittpunkt dreier Kontinente und zweier Meere.

arabien und die Seidenstraße aus China. Und endlich läuft die einzige Landverbindung zwischen Afrika und Asien über den Sinai und Palästina.

Diese leichte Zugänglichkeit von vielen Ländern her war nicht nur eine theoretische Möglichkeit. Sie ist im Laufe der Zeiten immer wieder, oft blutige, Wirklichkeit geworden. Immer wieder neue Völker sind in dieses Gebiet eingedrungen: Ägypter, Philister, Israeliten, Assyrer, Perser, Alexander der Große, die

Römer, Araber, Kreuzfahrer, Napoleon, die Amerikaner, die Russen. Es ist ja auch heute wieder eines der am meisten umstrittenen Länder der Erde.
Mit diesen letzten Bemerkungen ist auch schon gesagt, daß Palästina/Israel während seiner Geschichte immer wieder der Zankapfel irgendwelcher Supermächte geworden ist, aber selber eine Supermacht, das war es nie. Dafür ist das Land einfach viel zu klein. Das heutige Israel ist halb so groß wie die Schweiz, die ja als Kleinstaat gilt. Das biblische Israel war noch kleiner, denn es hat während der ganzen Zeit seiner Existenz das Land mit den Philistern geteilt. Die südliche Küstenebene, soweit sie heute zu Israel gehört, gehörte in biblischer Zeit den Philistern, wenn das auch manche Israeli aus begreiflichen Gründen gern diskret übergehen.
Nachdem wir die beiden wichtigsten Eigenheiten dieses heiligen Landes etwas in den Blick bekommen haben, nämlich seine zentrale Lage und seine Wehrlosigkeit, wollen wir uns fragen, warum Gott gerade in diesem Land Mensch geworden ist.
Allerhand mögliche Antworten kommen einem da in den Sinn. Man könnte z. B. im Hinblick auf die zentrale Lage sagen, daß der biblische Gott ein Gott aller Menschen sei. Ich möchte aber noch einen anderen Aspekt hervorheben: In einem Land, das unter vielen Pharaonen, Großkönigen, Eroberern, Siegern, Imperatoren und anderen großartigen Energien, Erscheinungen und Mächten gelitten hat, gab es eine Chance, daß ein Gott, der den Menschen als Mensch erscheinen wollte *(Abb. 10)*, verstanden würde. Aber

10. Gott hat in diesem Zentrum nicht eine zentrale Macht errichtet, sondern in dieses Zentrum sich selber als einen Menschen gestellt, der über keine Macht verfügte, sondern wahr in der Liebe liebend die Wahrheit verkündete. (Deutscher Holzschnitt des 15. Jahrhunderts n. Chr.)

sogar in diesem Land waren nur wenige mit einem solchen Gott zufrieden. Und doch, welcher Gott kann uns wirklich helfen, wenn nicht der, der ein menschlicher Mensch geworden ist und uns helfen kann, menschliche Menschen zu werden? Die Tatsache, daß uns das immer wieder zu wenig war und zu wenig ist, hat der Menschheit immer wieder unsägliches Elend gebracht. Lassen wir uns von der Demut dessen beeindrucken, der uns heilen kann, nicht von denen, die uns quälen. Halten wir uns an unseren Freund! Lassen wir uns doch das Gesetz des Handelns nicht von unseren Feinden diktieren!

Die Liebe, die den Tod überwindet

Die Taufe Jesu im Jordan gehört nicht zu den Szenen aus dem Leben Jesu, die uns unmittelbar ansprechen, wie etwa Weihnachten, da uns ein Kind geboren wird, oder wie der Karfreitag, der Tag, an dem ein Unschuldiger für uns Schuldige stirbt. Im Vergleich mit diesen allgemein menschlichen, unmittelbar packenden Bildern wirkt das Bild *(Abb. 11)* mit dem nackten Jesus, der ins Wasser steigt und auf den eine Taube herabflattert, eher fremd, mysteriös. Vielleicht hat dieses Bild gerade deswegen immer wieder eine starke Anziehungskraft auf mich ausgeübt – und heute glaube ich zu wissen, warum es sie ausgeübt hat –, weil hier die zwei tiefsten Wirklichkeiten des menschlichen Lebens, der Tod und die Liebe, zueinander in Beziehung treten. Sie denken jetzt vielleicht: Wo ist denn auf diesem Bild der Tod und wo ist die Liebe!
Das Untergehen im Wasser symbolisiert den Tod. Das leuchtet uns nicht so ohne weiteres ein. Wir waschen und baden uns doch gern. Mit Seifen, Badezusätzen, Shampoos und Waschmitteln verschmutzen wir ganze Flüsse. Aber, man wird den Eindruck nicht los, der ganze äußere Sauberkeitsbetrieb sei auf weite Strecken nur ein Alibi für die längst fällige innere Reinigung. Und die Taufe im Jordan symbolisiert natürlich die innere Reinigung. Und die fürchten wir wie den Tod.
Denn es ist häufig der innere Dreck, der uns im sozia-

11. Das Wasser, in das Jesus bei der Taufe eingetaucht ist, versinnbildlicht gleichzeitig Tod und neues Leben. Wer zu beiden bereit ist, dem gilt die Liebe Gottes, die durch die Taube symbolisiert wird. (Holzschnitt des 15. Jahrh. n. Chr.)

len Bereich Gewicht gibt. Wenn wir – ich bringe das nur als Beispiel – durch Steuerhinterziehung, durch ungerechtfertigt hohe Rechnungen und Honorare, indem wir Versicherungen betrügen und durch andere üble Tricks unser Einkommen vergrößern, vergrößert das ja, wenn wir uns nicht erwischen lassen, unser Ansehen in der Gesellschaft. Und das gleiche gilt für unsere anderen Sünden und Gemeinheiten. Wir haben das Gefühl, daß wir sie für unser ökonomisches, soziales, für unser psychisches Gleichgewicht, für unser Überleben brauchen, daß wir den Schmutz brauchen, um uns über Wasser halten zu können. Und darum hängen wir an ihnen wie Drogensüchtige an ihren Drogen. Und weil das so ist, symbolisiert das Hinabtauchen ins reinigende Wasser ein Sterben.
Durch sein Hinabsteigen in den Jordan wird die Bereitschaft Jesu dargestellt, nicht aus Masochismus und nicht aus einem selbstgefälligen Märtyrertum heraus, sondern im Einsatz für die Wahrheit, die Gerechtigkeit und die Solidarität mit den Armen zu sterben.
In dem Moment aber, da er dazu bereit ist und da wir bereit sind, uns dem Fluß der Gerechtigkeit und der Wahrheit zu überlassen, kommt der Geist Gottes als Taube über ihn und über uns. Warum wie eine Taube? Tauben sind im alten Orient durch ihr Liebesspiel, durch ihr Schnäbeln, das man als Küssen gedeutet hat, aufgefallen *(Abb. 12)*. Noch heute sind ja zwei Täubchen ein Symbol für Zärtlichkeit und Verliebtheit, wie z.B. zwei Täubchen auf einer kleinen Dose in Herzform. «Deine Blicke sind Tauben» sagen im Hohen Lied die Verliebten zueinander, d. h., deine Blicke sind

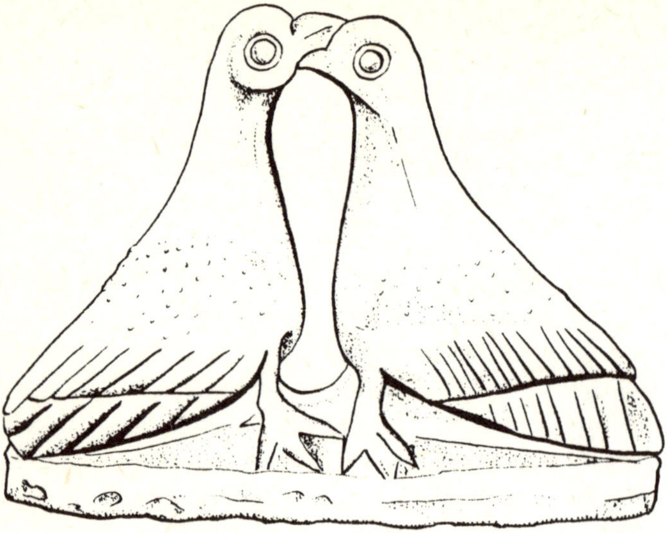

12. Lange bevor die Taube das Symbol des Heiligen Geistes geworden ist, war sie aufgrund ihres eifrigen Schnäbelns (Küssens) vor der Paarung ein Attribut der Liebesgöttinnen. (Schnäbelndes Taubenpaar aus einem Aphroditeheiligtum auf Zypern; 3./2. Jahrh. v. Chr.)

Liebesboten *(Abb. 13)*. Und als Bote der Liebe erscheint die Taube auch bei der Taufe Jesu. Denn während sie herabschwebt, erschallt eine Stimme, die sagt: «Das ist mein geliebter Sohn!»

Es kommt uns wie ein Sterben an, wenn wir unsere krampfhafte Selbstbehauptung und unsere Scheinheiligkeit einmal fahren lassen. Aber es liegt über jedem und über jeder, die zu dieser Art von Sterben bereit ist, ein ungeheures geheimnisvolles Leuchten der Liebe und der Zärtlichkeit Gottes, der Engel und der Menschen.

13. Auf dieser Abrollung eines altsyrischen Rollsiegels (18. Jahrh. v. Chr.) sind ein Mann und eine Frau beim intimen tête à tête dargestellt. Die Liebe, die sie verbindet, wird durch die Taube symbolisiert.

Jesus ist in den Augen der Menschen kein vorbildlicher Mensch

Immer wieder hören wir, Jesus sei der vorbildliche Mensch schlechthin, der Mensch für andere gewesen. Und immer wieder, wenn ich das höre, beschäftigt mich die Frage, warum ihn denn sein Volk so brutal aus seiner Gemeinschaft ausgestoßen hat *(Abb. 14):* Man hatte doch schon damals nichts gegen karitatives Wirken.

Wie jedes Volk war auch das jüdische zur Zeit Jesu kein monolithischer Block. Es gab mindestens drei einflußreiche Gruppen – und dazu die römische Besatzungsmacht.

Die *erste Gruppe* bildeten die *Pharisäer*. Ihre Leitidee und ihr Stolz waren, streng, fast ängstlich dem mosaischen Gesetz nachzuleben. Sie waren wirklich fromm. Gott hat ihnen etwas bedeutet und Jesus hat sich zu ihnen hingezogen gefühlt. Er hat mit ihnen viel diskutiert. Aber wie Jesus verkündete und auch praktizierte, der Sabbat – und das Gesetz überhaupt – sei für den Menschen da und nicht der Mensch für das Gesetz (Mk 2,27), da war er für sie abgeschrieben.

Die *zweite Gruppe*, die *Zeloten*, waren politisch stärker engagiert als die schriftgelehrten Pharisäer. Sie haben ihre ganze Energie in den kompromißlosen bewaffneten Kampf gegen die römische Fremdherrschaft investiert. Sie wollten frei und unabhängig sein und keinen anderen Oberherrn als Gott allein anerkennen.

Darum hat sie Jesu Verkündigung von der Königsherrschaft Gottes fasziniert. Als Jesus nach Jerusalem kam, empfingen sie ihn mit Siegespalmen und mit Jubel. Aber als Jesus die Ansicht vertrat, man solle Gott geben, was Gott gehört, im übrigen aber könne man ruhig dem fremden Kaiser in Rom die Steuern

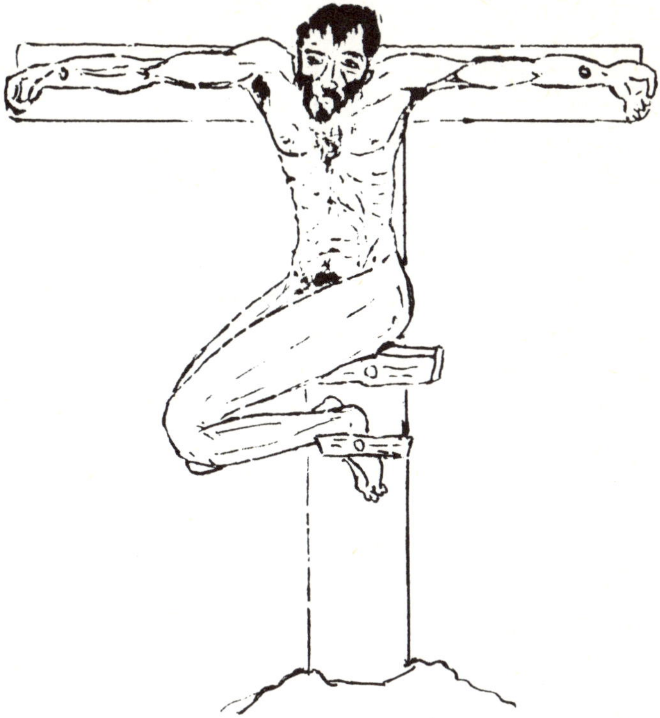

14. 1968 wurden in Jerusalem in einem Grab aus der Zeit um 50 n. Chr. die Knochen eines Mannes gefunden, der gekreuzigt worden war. Der Nagel, mit dem man die Füße befestigt hatte, steckte noch in den Fußknochen. Dieser und andere Funde und antike Nachrichten erlaubten die oben abgebildete Rekonstruktion dieser grausamen Hinrichtungsart. Sie war Leuten reserviert, durch die sich die Gesellschaft bedroht fühlte. Sie zeigt den ganzen Haß und die Verachtung, die man für jene empfand, die man so aus der Gemeinschaft beseitigte.

zahlen, da fühlten sie sich von ihm verraten. Und das hat vom Jubel am Palmsonntag zum haßerfüllten: Kreuzige ihn! am Karfreitag geführt. Mit Wankelmut, wie oft gesagt wird, hatte das leider gar nichts zu tun. Ganz im Gegenteil! Die Zeloten wußten genau, was sie wollten. Und wir haben keine Mühe, es zu begreifen. Man braucht nur zu sehen, wieviel Angst und Aggression eine Handvoll Dienstverweigerer auslöst.

Die *dritte Gruppe* waren die *Sadduzäer*. Sie beherrschten mit dem Hohenpriester an der Spitze den Tempel, der gleichzeitig Kulturdenkmal, Hauptindustrie und größte Bank des Landes war. Mit der römischen Besatzungsmacht hatten sie sich arrangiert. Sie brauchten Ruhe und Ordnung. Den Wanderprediger Jesus nahmen sie, wenn überhaupt, nur mit Verachtung zur Kenntnis. Wie er aber in einer prophetischen Protestaktion gegen ihr Profitdenken ein paar Wechslertische der Tempelbank umstieß, da war das Maß schnell voll. Der sadduzäische Hohepriester ließ Jesus nachts verhaften. Aber es zeigte sich, daß diese Vorsicht gar nicht nötig gewesen wäre. Alle politisch einflußreichen Gruppen waren sich für einmal einig.

Und wie erginge es Jesus, wenn er 1984 bei uns öffentlich auftreten würde? Ich bin kein Prophet. Aber wenn man sich so überlegt, wie gut wir die Juden der Zeit Jesu verstehen, vermute ich, es würde dem Sohne Gottes heute nicht viel anders ergehen. Hingerichtet würde er zwar, dank der friedlichen Zeiten, nicht. Aber mit Gefängnis müßte er rechnen. Das ist nach 1500 Jahren Christentum, dem Kreuz in der Fahne und Gott in der Landeshymne ein mageres Ergebnis. Es müßte eigentlich wie ein Pflug den harten Boden aufreißen, den Boden unseres pharisäischen Wissensstolzes, unseres zelotischen Waffenglaubens und unserer sadduzäischen Verehrung für das Geld. Dann könnte das österliche «Selig die Armen, die Gewaltlosen, die Trauernden» auch uns erreichen. So könnte Ostern das Fest der Auferstehung und nicht nur ein Osterhasenfest werden.

Das Problem, angenommen zu werden

Jesus hat uns eindringlich davor gewarnt, zu beten wie der Pharisäer betet, der sagt: «Gott sei Dank bin ich nicht wie diese und jene Sünder.» Dennoch, glaube ich, laufen wir immer wieder Gefahr, wenn auch nicht so zu beten, doch so zu denken. Gott sei Dank bin ich nicht ein Steuerhinterzieher wie dieser oder ständig zu einem Seitensprung bereit wie jene.

Beim Beter von Psalm 73 sehen wir eine weniger pharisäische Art des Denkens und Betens, eine überraschend ehrliche Art. Er dankt Gott nicht, daß er kein Sünder ist, sondern er bekennt unumwunden, daß er sie beneidet: «Neidisch war ich auf die Skrupellosen, da ich sah, wie wohl es ihnen geht, denen, die keine Hemmungen kennen... Ihr Leib ist gesund und voll Kraft. Nichts verspüren sie von den Nöten der Sterblichen. Aus sattem Herzen kommt ihre Bosheit. Von oben herab drohen sie mit Gewalt. Sie denken: Wie sollte Gott davon wissen! Sie mehren ihre Macht und leben allzeit in Ruhe. So war es also vergebens, daß ich mein Herz rein bewahrte.»

Man versteht nicht, warum er nicht gleich zu diesen Skrupellosen übergelaufen ist und es ihnen gleichtut. Auch an diesem Punkt stellt sich der Beter nicht besser dar, als er ist, und bleibt ehrlich. Er möchte schon, aber er kann nicht: «Dachte ich: Ich will denken wie sie, hätte ich die Gemeinschaft deiner Söhne verraten müssen!»

So wirkt der Beter von Psalm 73 wie ein unglücklich Verheirateter, dem (fast) jede Frau begehrenswerter erscheint als die eigene, der sich aber doch nicht aus seiner Bindung lösen kann, ein armer Hund, der dauernd an seiner Kette zerrt.

In der zweiten Hälfte des Psalms erzählt er uns, wie es ihm geschenkt worden ist, aus diesem unglücklichen Zustand herauszufinden. Im Tempel, in der Sphäre Gottes, ist er plötzlich der Tatsache gewiß geworden, daß das Glück der Skrupellosen, das ihn so fasziniert und das er so beneidet hat, ein kurzbeiniges, selber gemachtes, von Enge und Tod auf dem Fuß gefolgtes Glück ist. Die Kraft, ihre eigene Kraft, die dieses Glück geschaffen hat, erschöpft sich schnell. Plötzlich geraten sie aus dem hellen Tag in die weglose Nacht. Sobald er den Wurm in diesem Glück sieht, sitzt dieser Wurm auch in seiner Faszination. Aber wenn das alles wäre, würde daraus nur Trauer resultieren.

Die wirkliche Lösung des Problems kommt erst, wie er sich von diesen Skrupellosen ganz abwendet und sie weder beneidet noch Gott dafür dankt, daß er nicht wie sie ist. Die Lösung kommt erst, wie er sich wieder auf den Gott konzentriert, von dem er sich nie ganz lösen konnte. Die Lösung kommt mit der Gewißheit, für den Gott, dem er folgt, gibt es keine Nacht. Er ist sich gewiß geworden, daß die Führung dieses Gottes, der er sich anvertraut hat, nicht an schnellen Erfolgen orientiert ist, aber daß diese Führung den totalen Durchblick hat. Er spürt, daß er auf festem Grund durch die Dämmerung der Morgenröte entgegengeht.

Die Zukunft aber, der er von Gott geführt, entgegen-

wandert, kündigt sich nicht mit Posaunenschall und Lichtkaskaden an. Er erwartet sie nicht als glanzvollen Himmelssaal, als barockes Fest, als Gefilde der Seligen. Seine ganze eschatologische Hoffnung spricht nicht viel mehr aus, als was er jetzt schon erfahren hat: «(Auch) zuletzt wird er mich nehmen!» Nach langem gemeinsamem Weg, während dem er der Treue Gottes gewiß geworden ist, wird Gott ihn definitiv annehmen, akzeptieren, ihn seiner Gemeinschaft nicht plötzlich verlustig gehen lassen. Der Beter von Psalm 73 kann sich da an einige Präzedenzfälle halten: Henoch ist mit Gott hin und her gegangen und zuletzt hat Gott ihn genommen (Genesis 5,24). Der Prophet Elija war bald begeistert, bald verzweifelt seinem Gott gefolgt und zuletzt hat er ihn genommen (2 Könige 2, 3.5.9).
Wir Menschen sind winzig. Wir können als einzelne nicht existieren, und deshalb ist das Problem, ob wir aufgenommen, ob wir akzeptiert werden, das Grundproblem unseres Lebens. Schon für das Neugeborene ist es entscheidend, daß es nicht nur wie irgendein Mastkalb aufgezogen, sondern akzeptiert, voll angenommen und geliebt wird. Ich erinnere mich, welch schreckliche Angst ich als kleiner Knirps davor hatte, daß beim Zusammenstellen des Fußballteams kein Team mich nehmen würde. Dann die erste große Prüfung beim Überwechseln auf die nächsthöhere Schulstufe. Er, sie wurde angenommen, nicht angenommen. Das Problem, eine Lehrstelle zu finden, die ganze Berufskarriere! Immer wieder geht es darum, wer für welchen Posten genommen wird. Und wer nicht von einer nächsthöheren Stelle genommen werden muß,

muß vom Publikum, von den Kunden, von den eigenen Kindern akzeptiert werden, von der Partnerwahl ganz zu schweigen, bei der sich immer wieder die Frage stellt, ob sie ihn, ob er sie nun doch nimmt oder nicht nimmt. Und zuletzt stellt sich die Frage noch im Altersheim oder im Spital, ob sie einen nehmen oder nicht nehmen können.

Weil diese Frage des Genommenwerdens so wichtig, so zentral ist, bedeutet mir das Fest Christi Himmelfahrt so viel. Sie verstehen nach dem Gesagten aber auch, daß ich das Wort «Himmelfahrt» nicht mag. Es erinnert an Raumfahrt, an Superman, der nach vollbrachter Heldentat mit seinem Wundermantel ins Weltall davonsaust. Und damit hat dieses Fest gar nichts zu tun. Französisch heißt es viel richtiger Assomption (vom lateinischen Assumptio = Aufnahme), und das trifft den Sinn des Festes schon viel besser und steht dem biblischen Sprachgebrauch viel näher als das mißverständliche «Himmelfahrt» (vgl. Markus 16,19). Das älteste Bild von «Himmelfahrt» zeigt uns Jesus, wie er zuversichtlich einen Berg hinansteigt, wie sich ihm die Hand Gottes entgegenstreckt und ihn zu sich zieht *(Abb. 15)*. Annahme durch Gott ist der Sinn des Festes.

Aber nicht nur der Name «Himmelfahrt» verbaut uns den Zugang zum Geheimnis dieses Festes. Es ist auch die Tatsache, daß wir Jesus viel zu sehr als Gott und zuwenig als Mensch sehen, als Mensch, der geschrieen hat: «Mein Gott, mein Gott, warum hast du mich verlassen!», als Mensch, der als Abgeurteilter, als Verlierer, als Versager, als Verachteter in den Tod ge-

15. Die älteste Darstellung der sogenannten «Himmelfahrt» auf einem Elfenbein aus der Zeit um 400 n. Chr. Die Hand Gottes, die sich Jesus entgegenstreckt, zeigt, daß es um Annahme und Aufnahme und nicht um «Fahrt» geht. Im untern Teil des Bildes das Grab mit dem Engel und den drei Frauen.

stoßen wurde. An «Himmelfahrt» feiern wir die Annahme dieses Menschen durch Gott. «Himmelfahrt» bestätigt, was Ostern gezeigt hat.
Natürlich beschäftigt uns an diesem Fest nicht nur die Annahme Jesu durch Gott, sondern auch unser eigenes Angenommensein durch ihn. Ich habe mir während des Studiums nie vorstellen können, daß ich einmal für einen Posten, der meiner Ausbildung entsprechen würde, genommen werden könnte. Ich habe mir nie vorstellen können, wie ein kluges und schönes Mädchen mich eines Tages nehmen würde. Und doch ist beides geschehen. Wir können uns nicht vorstellen, daß Gott uns dereinst nehmen und wie das sein wird. Aber wir können versuchen, so tapfer als möglich auf dem schwierigen Weg Jesu zu gehen. Paulus beschreibt diesen Weg im Römerbrief mit dem folgenden Satz: «Einer nehme den andern an, wie auch Christus uns akzeptiert hat» (15,7). Der Satz ist nicht nur eine Mahnung. Er sagt uns auch, daß wir bereits angenommen sind und diese Annahme nur zu ratifizieren brauchen. So ist der Ausgang jenes Tages schon entschieden, von dem Jesus sagt:

«Dann werden zwei auf dem Felde sein,
der eine wird genommen,
der andere wird zurückgelassen.
Zwei werden mahlen an der Mühle,
die eine wird genommen,
die andere wird zurückgelassen» (Mattäus 24, 40f.).

Die Seligkeit der Mücken

Zum 80. Geburtstag meines Vaters

Lieber Papa, Deine Treue zum Credo war, seit ich Dich kenne, stets über alle Zweifel erhaben. Durch Schicksalsschläge in Deiner Kindheit verunsichert, war es Dir nicht gegeben, Dich über geltende Normen und Regeln, über geltende Glaubensworte und -sätze hinwegzusetzen. Dennoch ist es Dir gelungen, ein eigenständiges und manchmal auch eigenwilliges Denken zu bewahren.

Über viele Jahre hat Dich das Problem der Hölle beschäftigt. Auf einer Bahnfahrt von Einsiedeln nach Zürich hast Du einmal einem Pater aus dem Kloster Einsiedeln Dein Problem vorgelegt: Die Unverhältnismäßigkeit zwischen zeitlichen Vergehen und ewiger Strafe. Der Pater hat etwas, wenn ich mich recht erinnere, von der Freiheit des Menschen und der unendlichen Majestät Gottes gesagt, die durch die Sünden unendlich beleidigt würde. Die Antwort hat Dich nicht befriedigt. Aber die pathetische große Verweigerung, die darin bestanden hätte, die Vorstellung von der Hölle rundweg abzulehnen, war nicht Deine Sache. Dafür hattest Du zuviel von der Härte weltlicher und geistlicher Herren erfahren müssen.

So hast Du Dich auf die kleine Verweigerung verlegt, die denen als Möglichkeit bleibt, die vom Leben nicht dazu auserkoren sind, die selbstsicheren Herren zu

spielen. Statt Dich aufzureiben hast Du Dich den positiven Möglichkeiten zugewendet. Statt Dich vor der Hölle zu ängstigen, hast Du Dich auf die Vergegenwärtigung der himmlischen Welt konzentriert. Alle intensiven irdischen Freuden und Lustbarkeiten hast Du als Vorgeschmack des Himmels zu erleben versucht.
Mit zunehmendem Alter begann dabei das Licht eine immer dominierendere Rolle zu spielen. Da gibt es eine breite Tradition. Mechthild von Magdeburg spricht vom fließenden Licht der Gottheit. Franz von Assisi preist in seinem Sonnengesang die Sonne als DAS Gleichnis Gottes. Aber nicht so sehr das Wissen um diese Tradition, sondern viel mehr zwei eigene Erlebnisse haben Dich für diese Metapher eingenommen. Das eine Erlebnis läßt sich ins Frühjahr 1965 datieren, als Du auf dem Rückflug von Deiner Heilig-Land-Reise in die von der Abendsonne vergoldeten Wolken in ein Meer von Licht hineinfuhrst. Das andere war ein Abend auf dem Bodensee, als See, Erde und Himmel in ein einziges Licht zusammenflossen.
Diese Naturereignisse verschmolzen mit Bildern der biblischen Überlieferung, etwa mit dem Bild des von Licht erfüllten goldenen Jerusalem der Endzeit, wie es im Kapitel 60 des Jesajabuches geschildert wird, oder mit der Neuauflage dieses Bildes in der Geheimen Offenbarung. Da ist Gott selber das Licht, das die Stadt erfüllt, die aus Gold und Edelsteinen erbaut ist. Besonders eindrücklich ist das Licht auch bei der Verklärung Jesu. Während Jesus vor seinen Jüngern leuchtend erstrahlt, redet er mit Mose und Elija über seinen Tod in Jerusalem (Lukas 9,28–31). Das einzige

Bild, das die Auferstehung Jesu überzeugend darstellt, ist das Bild Grünewalds vom Isenheimer-Altar in Kolmar, auf dem der Auferstehende in einer Lichtkugel siegreich wie die aufgehende Sonne aus dem Grab emporschwebt.

Nur wer sich des Lichtes in dieser Welt und des ewigen Lichtes so intensiv vergewissert hat, wie Du das getan hast, kann so unbefangen vom Tode reden wie Du, von dieser großen und schwarzen Wolke, in die keiner eintritt, ohne innerlich zu zittern und sich zu ängstigen. Je näher, größer und dunkler diese Wolke erscheint, um so wichtiger ist es, sich das ungeheure Licht Gottes zu vergegenwärtigen.

Ich möchte das abschließend nicht mit einem der traditionellen Bilder aus der Bibel oder der christlichen Überlieferung tun, sondern mit einem Bild, das Dich, Papa, und von Dir angeregt auch mich fasziniert hat, schon damals, als ich noch klein war und wir manchmal an Sommerabenden zusammen in den Sihlsee baden gingen. Da haben wir auf dem Rückweg den Mücken zugeschaut, die im untergehenden Licht der Sonne in riesigen Schwärmen auf und nieder tanzten. Es waren riesige Scharen. Aber jede der unzähligen Mücken schien völlig vom Licht durchtränkt. Vor Gott, sagtest Du damals, sind wir kleiner als Mücken, und Gott ist größer als die Sonne. Aber wenn wir auch klein und winzig und wenn wir auch unzählige sind, so leben wir doch alle ganz durch Gott und können durch ihn alle ganz glücklich werden.

. . . und Götzen

Allerhand Abhängigkeiten

Vor Weihnachten hatte das Biblische Institut der Universität Freiburg, an dem ich arbeite, Gelegenheit, eine sehr große Sammlung von altägyptischen Anhängern, von Amuletten zu erwerben. Bei diesen fast 2000 Anhängern ist eine unglaubliche Vielfalt von Formen, Farben und Materialien zu finden. Vor allem aber ist es interessant zu sehen, wie sich diese Anhängermode im Laufe der Jahrhunderte und Jahrtausende geändert hat. Im 3. Jahrtausend waren besonders Tierfiguren beliebt wie Nilpferde, Schildkröten, Löwen oder schematisierte Stierköpfe. Der Mensch stand noch ganz im Bann der Tierwelt. Im 1. Jahrtausend v. Chr. trug man gerne menschengestaltige Gottheiten, wie etwa das göttliche Schwesternpaar Isis und Nephtys, das das Horuskind beschützt, oder die stillende Isis mit ihrem göttlichen Kind. Gerade weil es sich um so inoffizielle, private und irgendwo unwichtige Gegenstände handelte, haben sie stets mit besonderer Sensibilität Wandlungen in der ägyptischen Religion angezeigt. Die Äußerungen der offiziellen Religion sind ja meist viel stärker fixiert als die der privaten Frömmigkeit.

Die Beschäftigung mit diesen alten Anhängern ließ in mir die Frage aufkommen, was für Strömungen denn unsere heutige Anhängermode erkennen lasse. In einem Devotionalienladen in Einsiedeln, wo ich aufgewachsen bin, hat mir eine Verkäuferin gesagt, die Medaillen mit der Muttergottes, dem Schutzengel und dem heiligen Christophorus würden nicht mehr soviel gekauft wie früher, aber die Kreuzlein gingen immer noch gut. Man trage sie heute aber häufig innen und nicht außen.

Was z.B. Jugendliche gut sichtbar tragen, sind etwa Rasierklingen, Gewehrgeschosse, Raubtierzähne. Fühlen sich diese Jugendlichen nicht ganz ernst genommen und möchten sich durch diese gefährlichen Objekte Respekt verschaffen?

Ein anderer, besonders von Frauen häufig und sichtbar getragener Anhängertyp sind Herzchen. Wenn man ihre Trägerinnen frägt, was sie bedeuten, dann sagen sie einem nicht, was man erwarten würde: Liebe, Zärtlichkeit, Wärme, sondern sie sagen einem, sie hätten sie von einem Freund oder von ihrem Mann geschenkt bekommen. Ihr Amulett ist sozusagen die Liebe eines bestimmten Menschen.

Eine dritte Art von Anhängern, die man bei Männern und Frauen häufig findet, sind Sternzeichen. Mit einer Jungfrau, einem Krebs oder einem Widder deklariert man, daß man eben eine Jungfrau, ein Krebs oder ein Widder ist. Man glaubt so eine gewisse Identität zu finden und teilweise auch rechtfertigen zu können, daß man so und nicht anders ist. Man versucht, sich in der Hektik unseres Alltags an den ewigen Sternen zu orientieren, man beheimatet sich angesichts einer gewissen religiösen Heimatlosigkeit im Kosmos. Der Prophet Jeremia (10,2) und der Apostel Paulus (Galaterbrief 4, 3f.) haben in dieser Art Beheimatung allerdings nur eine Spielform unnötiger Abhängigkeit gesehen. Sie haben die Emanzipation von den Sternen gepredigt. Die einzige Konstellation, der sie sich verpflichtet fühlten, war Gott. Nicht ein perfekter Widder oder ein Schütze wollten sie sein, sondern Ebenbilder Gottes. Ebenbilder seiner Freiheit von der Welt und seiner Solidarität mit der Welt, Ebenbilder seiner Unabhängigkeit von der Welt und seiner Verbundenheit mit ihr, denn das einzig wirksame Amulett für uns und unsere Welt ist der Mensch als Abbild und Ebenbild Gottes im Geiste Jesu.

Ein Fall von Götzendienst

Wenn etwas für das Alte Testament typisch ist, dann ist es die Konzentration auf einen Gott und der Kampf gegen Götzen aller Art. Götzendienst im biblischen Sinn besteht darin, daß man sein Leben in übertriebener und verabsolutierender Art von etwas Innerweltlichem abhängig macht. Nicht in den alten Formen, aber in diesem wesentlichen Sinne sind götzendienstähnliche Zustände heute so weit verbreitet wie eh und je. Das verrät u.a. auch die Alltagssprache. Gegen Ende des letzten Jahres habe ich in einer Zeitung gelesen: *1981 sind dem Moloch* – Moloch ist der Name eines alttestamentlichen Götzen – also *1981 sind dem Moloch Verkehr in der Schweiz 1165 Tote und 31702 Verletzte zum Opfer gefallen.* In diesem Satz wird der Verkehr als eine Art Götze hingestellt.

Natürlich ist der motorisierte Verkehr heute an und für sich nichts anderes als ein Bestandteil eines normalen menschlichen Lebens.

Um keine Mißverständnisse aufkommen zu lassen: Ich fahre auch Auto und weiß, daß wir nicht in die Steinzeit zurückkehren können. Aber es ist ein theologisches und menschliches Problem, wenn Töffs, Autos und Sportflugzeuge zu Kultgegenständen werden und man sie nicht mehr funktional einsetzt, sondern als Prestigeobjekte und als eine Art Drogen benützt. Ich kann mir nicht helfen *(Abb. 16)*, aber ich fühle mich immer an den Pharao erinnert, der beim Morgenritual

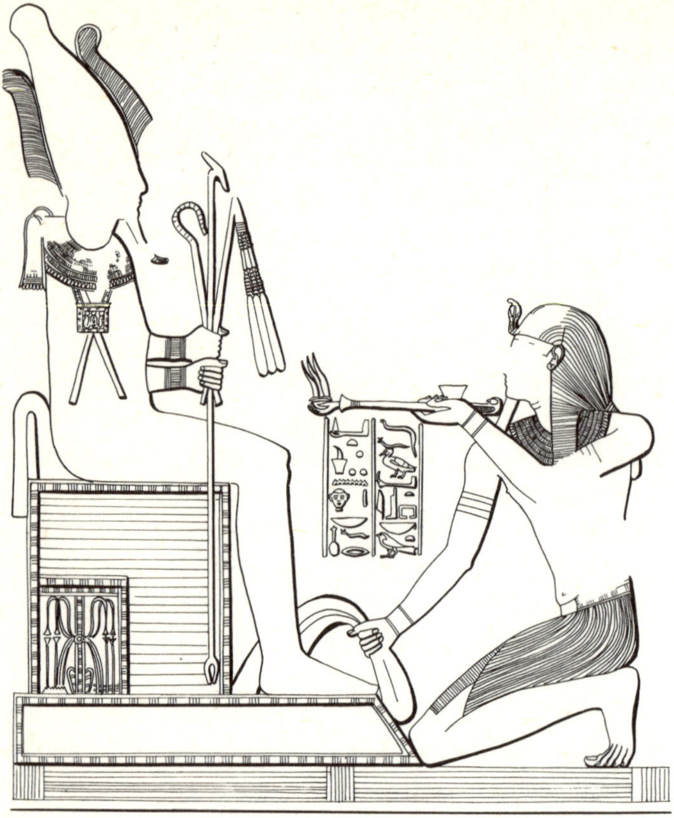

16. Der Pharao reinigt beim Morgenritual mit der rechten Hand die Götterstatue von Staub und beräuchert sie mit der linken Hand. (Ägyptisches Relief in Abydos aus dem 13. Jahrh. v. Chr.)

mit der linken Hand mit einem Tüchlein an seinem Götzen herumpützelt, wenn ich am Samstag morgen gediegene Herren sehe, die das letzte Stäubchen von ihrer Karosse wegtupfen.

Und ich bin offensichtlich nicht der einzige, der da

liturgische Assoziationen hat. Der Karikaturist Tomi Ungerer hat schon vor Jahren einen Ölwechsel als liturgische Feier mit einem Zelebranten und Ministranten dargestellt *(Abb. 17)*.

17. Tomi Ungerer stellt den Oelwechsel als liturgische Handlung dar.

Neulich sind besonders Autos mit Vierradantrieb für manche zu Kultobjekten geworden. Dabei macht man sich in Gottes Namen noch nicht *zu einem Abenteurer, zu einem Safarijäger, zu einem großen Offizier* und vor allem nicht zu einem unabhängigen Menschen, indem man mit so einem Kraftprotz auf unseren superge-

pflegten Straßen herumrasselt. Das einzige, was man damit wirklich macht: Man belastet die bereits überlastete Umwelt noch mehr.
Kein Götze ist ohne Verehrerkreis wirksam. Und Auto, Töff und Sportflugzeuge haben wahrhaftig ihre Verehrerkreise. Das ist wie immer in solchen Fällen ein sehr gemischtes Publikum. Da sind die Vielen, die einem solchen Kreis wegen ein paar nützlichen Dienstleistungen angehören. Da sind die romantischen Schwärmer für Power und Tempo. Und da sind die ganz handfesten wirtschaftlichen Interessen einiger weniger, aber die sitzen meistens am Steuer. Und wenn sich irgendwo die Vernunft meldet, die den immer hysterischeren Privatverkehr ein bißchen bremsen will, dann melden sich diese Hohenpriester sofort, beten laut ihr «Auto unser» und verfluchen jeden, der es wagt, an ihr Allerheiligstes zu rühren.
Es ist nach alttestamentlicher Vorstellung ein Charakteristikum der Götzen, daß sie auf Dauer nicht den vermeintlichen Lebenszuwachs, sondern Tod bringen. So sagt etwa Jeremia: *«Sie laufen den nichtigen Götzen nach und werden selber nichtig!»* (2,5). Der Verkehr, der zum Götzen wird, mindert durch seinen Gestank und seinen Lärm unsere Lebensqualität. Schon ein einziges kleines Motorflugzeug macht die erholsame Ruhe eines Bergtals kaputt. Der überdimensionierte Autoverkehr verwandelt unsere Wälder langsam aber sicher in Wüsten. Und häufig macht der Mißbrauch der Verkehrsmittel nicht nur die Lebensqualität, häufig macht er unser Leben nicht nur langsam, sondern in Sekunden kaputt. In den Todesanzeigen ist dann vom tragi-

schen Unglücksfall die Rede. Tragisch heißt soviel wie unvermeidlich. Aber auf einer ganz normalen Straße sein privates Rennen zu fahren ist nicht tragisch, sondern kriminell.

Der traurige Glaube an militärische Gewalt

Yassir Arafat hat vor ein paar Tagen die Lage der Palästinenser in Westbeirut mit der von Stalingrad im Kriegswinter 1942/43 verglichen. Eher als an Stalingrad erinnert die Situation der Palästinenser an die der Juden auf der berühmten Felsenfestung Masada am Toten Meer im Jahre 73 n. Chr. Auf diese Festung haben sich nach jahrelangen, verlustreichen Terroraktionen und Kämpfen gegen die unerbittliche, römische Militärmaschinerie die letzten Freiheitskämpfer mit Frauen und Kindern zurückgezogen, rund 960 Menschen. Und diese ganze Besatzung hat dann – eher als sich den Römern zu ergeben – zuletzt gemeinsam Selbstmord begangen. Seither ist Masada ein Symbol des Widerstandes bis zum Äußersten.

Die Erbarmungslosigkeit von Masada und Westbeirut trifft mich als Theologe besonders, weil am Anfang bei beiden Katastrophen religiöse Führer wesentlich mitgewirkt haben.

Bei den religiösen Patrioten von Masada waren es verschiedene Propheten, von denen sich nachträglich herausstellte, daß sie die Lage falsch beurteilt hatten. Bei den Palästinensern hat in den zwanziger und dreißiger Jahren der Mufti von Jerusalem, Hadschi Amin el-Husseini, den Kampfeswillen mächtig angefacht. In ihrer heutigen Phase sind die Auseinandersetzungen im Nahen Osten zwar keine Religionskriege. Aber die religiöse Komponente spielt bei allen nach wie vor eine große Rolle. Es wird zwar von Leuten, die keine Ahnung haben, oft behauptet, vor dem Zionismus hätten Juden, Christen und Moslems im Nahen Osten in Frieden zusammengelebt. Aber das stimmt leider nicht. So heißt z.B. einer der wichtigsten Plätze in Beirut «Platz der Märtyrer». Mit den «Märtyrern» sind rund 7700 christliche Libanesen und Libanesinnen gemeint, die im Jahre 1860 von den Anhängern einer muslimischen Sekte auf grausamste Art massakriert worden sind.

Vor diesem Hintergrund kann man die maronitischen Geistlichen irgendwie verstehen, die die christlichen Milizen segnen, bevor sie in den Kampf ziehen. Und dennoch bleibt ein Unbehagen. Und dieses Unbehagen verspürt man auch, wenn man sieht, wie in Israel manche Rabbis, wie Meir Kahane oder Mosche Levinger, eine besonders harte Linie vertreten. Woher kommt dieses Mißbehagen? Es ist doch normal und zu allen Zeiten so gewesen, daß Gottesmänner die militärischen Bemühungen um nationale Verteidigung, Sicherheit und Unabhängigkeit energisch unterstützt haben. Wir erwarten das von unseren Feldpredigern auch.

Das Mißbehagen kommt nicht von einer vagen Religiosität her. Vage Religiosität hat sich mit Nationalismus und nationaler Selbstbehauptung immer bestens verstanden. Das Mißbehagen beim Anblick kämpferischer Gottesmänner kommt allein von Jesus her. Sein Gott war nicht der Gott im hehren Vaterland, sosehr er sein Vaterland geliebt hat. Sondern sein Gott war vor allem und zuerst einmal der Gott aller Menschen, auch der Gott der Feinde. Er hat darum den religiösen

Patrioten von Masada geraten, sie sollten der Besatzungsmacht, sie sollten dem römischen Kaiser ruhig Steuern zahlen. Wichtiger, als wem man Steuern bezahle, sei die Forderung Gottes, sich alle Menschen, auch die Feinde, zu versöhnen. Gott sei ein Vater, der es nicht haben könne, wenn man einen seiner Söhne erschlägt, sogar dann nicht, wenn dieser seine anderen Söhne mit seinen Ideen terrorisiert oder sie gar um ihr Erbe bringt.

Es ist klar, daß die religiösen Patrioten seiner Zeit das nicht hören wollten. Wir wollen es auch nicht. Und wenn einer von Zehntausenden hören und ernst machen will, offerieren wir ihm nicht nur ein Billett «Moskau einfach», sondern sperren ihn als Dienstverweigerer wie einen Kriminellen ein. Wichtiger als die Liebe des Vaters ist uns das Erbe. Für das Erbe sind wir bereit zu sterben und unser eigenes Westbeirut, unsere eigene Masada zu inszenieren. Ich frage mich, was passiert wäre, wenn die religiösen Patrioten von Masada dem Rate Jesu folgend dem Okkupantenkaiser weiterhin knurrend und murrend ihre Steuern bezahlt hätten. Wäre ihnen dann das Elend von Masada und das ebenso schlimme Elend heute, im Libanon diesen Krieg ohne absehbares Ende führen zu müssen, erspart geblieben? Ich richte die Frage nicht an die Israelis oder die Juden. Ich richte die Frage vom Evangelium her an uns, an unsere ganze optimistische Einschätzung von Militär und militärischer Gewalt.

Predigt das Alte Testament den Glauben Glauben an die Gewalt?

Im «Bund» vom letzten Samstag hat der Schriftsteller Ernst Eggimann unter dem Titel «Sonnenkult» eindrücklich über das Ferienleben am Meer meditiert. Gegen Schluß seiner Überlegungen heißt es: *«Und während ich so in ungeschichtlicher Regression verharre, schießen die Israeli, mit dem Alten Testament in der Hand, das ihnen noch und noch von einem kriegerischen Gott berichtet, Beirut zusammen...»* Dieser Satz über das Alte Testament als eine Art Anleitung zum Krieg hat mich als Alttestamentler natürlich provoziert. Es stimmt. Das Alte Testament redet viel vom Krieg. Leider haben Kriege in der Menschheitsgeschichte der letzten Jahrtausende immer wieder eine verheerende Rolle gespielt. Das Alte Testament als ein durch und durch realistisches Buch hat diese Tatsache nicht einfach verdrängt.

Um das vielgestaltige Reden von Krieg im Alten Testament aber richtig zu werten, muß man als Erstes einmal bedenken, daß das Alte Testament im Gegensatz zum Gros der damaligen Literatur, etwa der ägyptischen oder der assyrisch-babylonischen, nicht die Literatur einer Großmacht ist, sondern die Literatur eines winzigen, häufig unterdrückten Volkes. Judäa war etwa halb so groß wie der Kanton Bern (3000 km²). Seine Bewohner waren zu allen Zeiten z.T. Nomaden. *Nomadendasein bedeutet für uns eine romantische, den Zwängen der Zivilisation weitgehend entrückte Existenz.* Die altorientalische Wirklichkeit sah ganz anders aus. Das zeigen uns z.B. die Reliefs aus den Palästen der kriegerischen Assyrerkönige im Britischen Museum in London. Auf diesen Reliefs sieht man häufig, wie die unwiderstehliche assyrische Armee Stadt um Stadt erobert. *Die Männer der eroberten Städte werden weggeführt, manchmal grausam gefesselt oder nackt ausgezogen. Widerspenstige werden gefoltert und hingerichtet. Die Frauen mit ihren Kindern werden zwar auch deportiert, aber sonst immer anständig behandelt (Abb. 18).* Das Kind, das seine Mutter auf ihren Schultern wegträgt, kann es sogar wagen, mit dem Stock des assyrischen Soldaten zu spielen. Ganz anders als mit den Stadtbewohnern gehen die Assyrer mit den Nomaden um. Ein leider stark verwittertes assyrisches Relief *(Abb. 19)* zeigt uns, wie ein assyrischer Soldat mit einem großen Schild von rechts in ein Zelt hineinstürmt. Eine Nomadenfrau erhebt flehend die Hand. Der Soldat tritt sie in den Bauch und stößt ihr seine Lanze ins Gesicht. Wie dieses Bild zeigt, galten Nomaden im Alten Orient häufig als Untermenschen, als eine Art Ungeziefer, das man wie Ungeziefer beseitigte. Und so sind die alten Israeliten, die ja stets eine gewisse Affinität zum Nomadentum bewahrten, von den Großmächten Ägypten, Assyrien und Babylonien immer wieder behandelt worden. Es ist klar, daß eine solche Behandlung Rachegedanken und Kriegsphantasien mächtig auflodern läßt. Im Kontext von solch himmelschreiendem Unrecht war der Platz des kriegerischen und rächenden Gottes.

In diesem Kontext der Gewalttätigkeit ist nun weiter

18. Stadtbewohner *wurden von den altorientalischen Großmächten zwar auch drangsaliert und z.B. deportiert, wie hier die Bewohner von Hamanu durch die Soldaten Assurbanipals. (Relief aus Ninive; 7. Jahrh. v. Chr.)*

auch die berühmte Formel «Aug um Aug, Zahn um Zahn» zu sehen, nicht als eine Aufforderung zur kompromißlosen Rache, sondern zur Mäßigung. Wir sind ja in diesem Zusammenhang oft furchtbare Heuchler. Wir schaudern beim «Aug um Aug» und prahlen mit der neutestamentlichen Feindesliebe und gleichzeitig würden wir, privat oder als Volk angegriffen, ganz hart – mit allen verfügbaren Mitteln – zurückschlagen, wie die Kinder in der Pause. Da gibt einer aus Übermut einem andern einen Puff und schon hagelt es «Böx». Da bleibt es nicht beim Box um Box. Und wenn man der israelischen Selbstrechtfertigung glau-

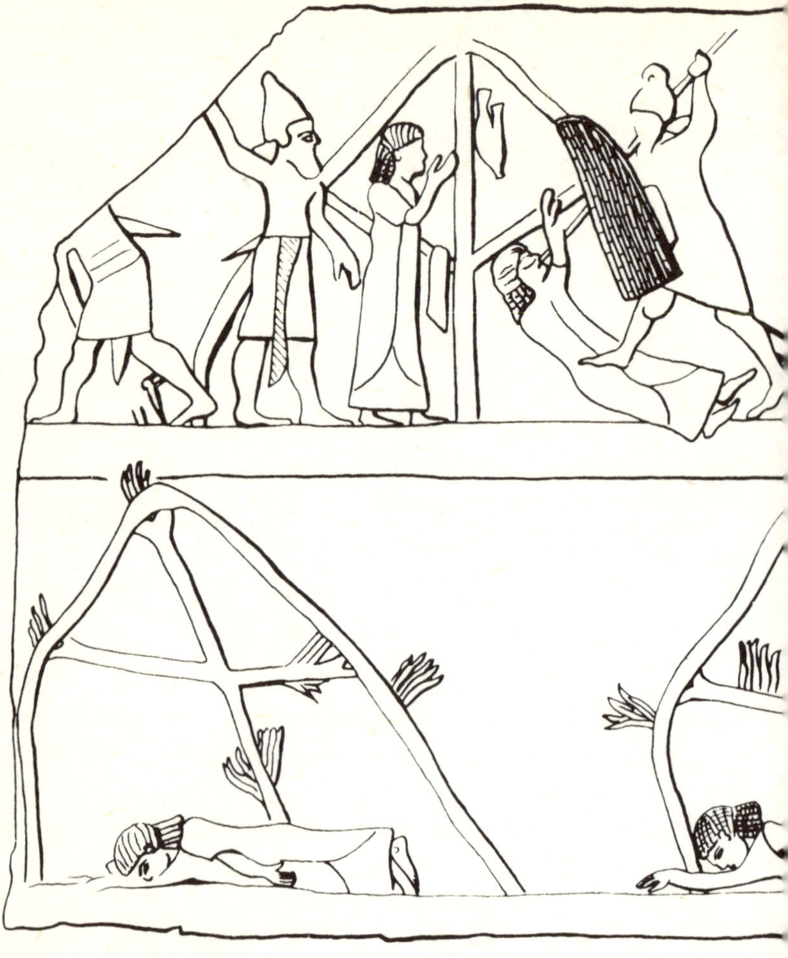

19. Die Nomaden *wurden aber nicht nur drangsaliert, sondern wie Ungeziefer ausgerottet. Selbst Frauen wurden nicht geschont, wie dieses Relief aus dem Palast Assurbanipals in Ninive zeigt. (7. Jahrh. v. Chr.)*

ben würde, wären für den einen Botschafter Israels in England Tausende von Libanesen und Palästinensern ums Leben gekommen. Aber das Alte Testament geht noch weiter als bis zur Mäßigungsformel «Aug um

Aug». Der Prophet Jesaja fordert dazu auf, die verfügbaren Mittel, mit denen man zurückschlagen kann, zu beschränken, und Jeremia hat im Namen Gottes sogar verlangt, dem brutalen Angriff der Babylonier keinen militärischen Widerstand entgegenzusetzen, so wie Jesus seinen Zeitgenossen davon abgeraten hat, gegen die Römer militärisch vorzugehen. Jeremia und Jesus zeigen uns, daß die Gewaltlosen zwar die Lieblinge Gottes sind. Sie zeigen uns aber auch, daß die Gewaltlosen den ganzen Haß der gewaltgläubigen Welt auf sich ziehen. Jeremia hat man als Verräter in ein Gefängnisloch geworfen, und Jesus hat, weil er sich weigerte, zu den Waffen zu greifen, den Umschlag vom begeisterten «Hosanna» zum «Kreuzige ihn!» erleben müssen.

Niemand bleibt von der Versuchung zur Macht verschont

Die Gebetswoche für die Einheit der Christen, die diese Woche stattfindet, wirkt für mache Leute nicht ganz zeitgemäß. Diese Zeitgenossen beschäftigt (und quält manchmal sogar) das Problem, ob der Glaube an einen persönlichen Gott überhaupt noch möglich, ob er noch zu rechtfertigen sei, und sie verstehen nicht so ganz, was in einer solchen Situation der Streit um irgendeinen einzelnen Glaubenssatz für einen Sinn haben soll. Es kommt ihnen vor, als würde man im ersten Stock um die Farbe der Tapeten streiten, während aus dem Parterre Rauch kommt.

Die Positionen in diesem Streit zwischen den getrennten Brüdern werden häufig nicht als Treue zum Glauben, sondern als sturer Dogmatismus empfunden, so etwa wenn die römisch-katholische Kirche sich weigert anzuerkennen, daß auch die evangelischen Kirchen im Vollsinn Kirchen Jesu Christi sind.

Das Empfinden, es gehe der Kirche da einfach um kalte Machtansprüche, illustriert eine düstere Federzeichnung von Friedrich Dürrenmatt *(Abb. 20)*, die den Titel trägt: «Der letzte Papst reitet auf dem Mammut seiner Macht in die Eiszeitnacht der Menschheit». Als Friedrich Dürrenmatt das Bild bei einem Vortrag in Freiburg zeigte, hat er dazu gesagt, wir würden es wahrscheinlich einen Skandal finden, daß er ein solches Bild einem katholischen Publikum vorführe. Aber wir

20. Friedrich Dürrenmatts Federzeichnung «Der letzte Papst reitet auf dem Mammut seiner Macht in die Eiszeitnacht der Menschheit».

müßten doch auch sehen, daß für ihn, der aus einer protestantischen Tradition komme, nicht das Bild, sondern die Sache ein Skandal sei. Jesus hätte doch eine brüderliche Gemeinschaft gegründet und ihr ausdrücklich verboten, in dieser Gemeinschaft jemandem den Vatertitel zu geben (Mattäus 23,9). Nur Gott sollte diese Gemeinschaft mit Vater anreden. Wir Katholiken aber hätten aus dieser brüderlichen Gemeinschaft eine Art absolutistische Monarchie gemacht, deren Oberhaupt nicht nur mit Vater, sondern sogar mit Heiliger Vater angeredet werde. Und diese Anrede sei ja nur ein Symptom für ein ganzes System, und es gehe ihm um dieses und ähnliche Symptome der Macht.

Nun ist der Petrusdienst auf weite Strecken durch einen übertriebenen Zentralismus zu einer Petrusherrschaft geworden. Ein Petrusdienst, der der ursprünglichen Form etwas näher wäre, könnte ja für die Einheit der Christen und ihre weltweite Wirkung große Bedeutung haben und eine wichtige Rolle spielen. Aber jeder, der Macht hat, meint, es sei unverantwortlich, etwas davon abzugeben. Und jeder meint, er behalte das Heft nur deshalb in der Hand, weil der Sache so besser gedient sei.

Die Empfänglichkeit für Sieg, Herrschaft und Macht sitzt tief in uns allen. Nehmen wir als Beispiel nur den Sportzirkus, der soviel Freizeit in Anspruch nimmt. Warum ist er so faszinierend? Weil da gekämpft wird, aggressiv vorgeprellt, hart verteidigt, ausgeschaltet, abgehängt wird, weil es Sieger und Besiegte gibt. Die Sprache des Sports ist die Sprache des Kriegs. Wenn man die Fans von einem Match nach Hause kommen

sieht, bei dem ihr Club gerade gesiegt hat, hat man nicht selten den Eindruck, sie kämen direkt vom Morgarten oder von Sempach.
Das Spiel um die Macht und der Kampf um die Herrschaft sind faszinierend. Deshalb dominieren sie nicht nur unsere Politik, unser Geschäftsleben, unsere Spitäler und Hochschulen, was jeder weiß, sondern auch unsere Freizeit und häufig, zu häufig auch unsere Kirchen. Das Spiel um die Macht und der Kampf um die Herrschaft sind faszinierend. Weniger schön sind die Opfer, die sie hinterlassen. Und wenn man sieht, wie leicht man immer wieder, direkt oder indirekt, daran beteiligt ist, solche Opfer zu schaffen, dann, so habe ich manchmal das Gefühl, bleibt uns eigentlich nur noch ein Wort, das wir ganz ehrlich aussprechen können, das Wort: Herr, erbarme dich!

Wovon Christen leben

Wenn man schlecht über uns redet

Heute nachmittag ist im Schauspielhaus in Zürich der 60. Geburtstag des Dramatikers Friedrich Dürrenmatt gefeiert worden. Im Hinblick auf diesen Geburtstag ist Tage zuvor mit vielen anderen auch ein Journalist nach Neuenburg – wo Dürrenmatt wohnt – gekommen, der für eine große, seriöse deutsche Wochenzeitung arbeitet. Nach einem langen Interview hat ihn der Dichter zu einem Abendessen eingeladen, das sich tief in die Nacht hinein erstreckte. Während diesem Nachtessen ist es dem Journalisten gelungen, seinen Gesprächspartner u.a. zu ein paar pointiert formulierten Äußerungen über einige Schriftstellerkollegen zu animieren. Nun ist es ja nichts Besonderes oder Seltenes, daß ein Pfarrer über andere Pfarrer, eine Mutter über andere Mütter, ein Fußballer über andere Fußballer oder eine Sekretärin über andere Sekretärinnen im kleinen, vertrauten Kreis ein hartes Urteil abgibt.
Das Ungewöhnliche war diesmal, daß der Journalist die privaten Äußerungen unauffällig auf Tonband aufgenommen und für teures Geld einem bekannten Herrenmagazin verkauft hat. Aus diesem Herrenmagazin haben Presseagenturen die pikantesten Sätze herausgepflückt und an die Tagespresse weitergegeben. Und diese haben, in einen Dunst moralischer Entrüstung eingenebelt, das üble Spiel mitgespielt und ihren Lesern brühwarm berichtet, was Dürrenmatt von Frisch, Grass u.a. wirklich hält. Man kann sich vorstellen, wie die Betroffenen reagiert haben.

Obgleich jeder von uns annehmen muß, daß auch über ihn gelegentlich schlecht geredet wird, weil wir ja bei all den vielfältigen Aufgaben, die uns in Beruf, Familie, Verwandtschaft, Politik usw. gestellt sind, nicht überall brillieren können, so sind wir doch jedesmal betroffen, verletzt und empört, wenn uns so etwas zu Ohren kommt, auch wenn wir das, was uns da zu Ohren kommt, nicht als Verleumdung einstufen können.
Zu dieser Art von Verletzlichkeit und Empörung hat der biblische Prediger, Kohelet, vor mehr als 2000 Jahren gesagt: «Achte nicht zu genau auf alles, was geredet wird, damit du nicht hörst, wie man über dich schimpft, weißt du doch ganz genau ...» Ja, was weiß er wohl ganz genau? Daß die Menschen schlecht und undankbar sind? Daß es einem egal sein soll, was die Menschen von einem denken? Nein, nichts von dem, sondern, «daß auch DU schon viele Male über andere geschimpft hast» (vgl. Kohelet 7,21f.). Wir sollten uns darüber nicht wundern, meint der Prediger, daß andere Menschen nicht besser sind als wir.
Ich kann mir vorstellen, daß jetzt einzelne von ihnen dem Prediger gern widersprechen und sagen möchten: Nein, ich nicht! Ich rede grundsätzlich nie schlecht über andere.
Das kann sein. Aber die Frage ist nur, ob diese Haltung so edel und so gut ist, wie sie denen vorkommt, die sie einnehmen. Ist das nicht häufig nur ein Zeichen von Abkapselung, von Konzentration auf sich selber und Interesselosigkeit im Hinblick auf andere? Ich stelle nur die Frage. Ich meinerseits kenne jedenfalls keinen Menschen, der sich intensiv auf andere Men-

schen einläßt und nie kritisch über sie geredet hätte. Auch Jesus als vorbildlicher Mensch schlechthin ist da nicht ausgenommen. Wie kann er doch über die Pharisäer herziehen, nachdem er sich in endlosen Diskussionen mit ihnen auseinandergesetzt hat. Die in letzter Zeit wieder wachsende Empfindlichkeit gegenüber Kritik und Infragestellung ist gar nicht christlich.

Im Schimpfen über andere und im Ertragen, daß man über uns schimpft, erleben wir banal und schmerzlich eine ganz zentrale christliche Weisheit, nämlich die, daß weder wir noch die anderen von unseren perfekten Leistungen, von unserer Gerechtigkeit und Vollkommenheit, die immer sehr partiell sind, sondern letztlich vom Mitleid und vom Verständnis für unsere Schwächen leben. Oder wie das Paulus ausdrückt: «Gott hat uns alle des Ungehorsams überführt, damit er sich aller erbarme» (Römerbrief 11,32).

Kindlichkeit im Sinne des Evangeliums

Am Weißen Sonntag wird landauf, landab wieder der berühmte Satz Jesu zu hören sein: «Lasset die Kinder zu mir kommen!» Was hat Jesus an den Kindern so fasziniert? Ich glaube die Tatsache, daß sich die Kinder alles, was sie haben, schenken lassen müssen und auch ohne Umstände schenken lassen. Darum sagt Jesus weiter: *«Wahrlich, ich sage euch: Wer das Reich Gottes nicht annimmt, wie ein Kind (annimmt), der wird nicht hineinkommen!» (Markus 10,15).*

Weil es in unserem Alltag meistens streng nach Lohn und Leistung geht, meinen wir Erwachsene gern, wir hätten alles, was wir haben, verdient und wir vergessen dabei ganz, daß uns alles, aber auch wirklich alles Wesentliche geschenkt worden ist, z.B. unsere Begabungen und Fähigkeiten, die Lebensverhältnisse, in die wir geboren sind, unsere Lebenspartner und viel anderes mehr.

Es ist ein großer Unterschied, ob man das, was man hat, als eigenes Verdienst oder als Geschenk anschaut. Als Verdienst gehört es uns und wir können darauf stolz sein und damit machen, was wir wollen. Aber stimmt denn diese Sicht des Lebens? Ist sie nicht nur ein furchtbarer Bluff? Was können wir denn dafür, daß wir Einsatzfreude, Intelligenz, Energie und anderes mehr haben? Die andere, die christliche Sicht vom Leben als Geschenk und nicht als Leistung reicht doch viel weiter. Sie deckt die tiefen Abhängigkeiten auf, in denen wir stehen. Sie deckt unsere Verpflichtungen auf, aber auch ihre Grenzen. Wir haben unser Leben nicht selber inszeniert.

Unserem Leistungswahn stellt Jesus die Kinder entgegen, die Kinder, die wissen, daß sie ihr Leben nur als Geschenk annehmen, nicht verdienen können. Und noch etwas fasziniert Jesus an den Kindern, ihr ungeheures Vertrauen in die Möglichkeiten der Zukunft. «Wenn ich groß bin», sagt David, «werde ich Indianerforscher und helfe den Indianern.» Und Sara sagt: «Ich werde eine Bauersfrau. Dann kann ich sieben Kinder haben und wir sind eine richtige Familie.» *Und als Jugendliche* reden sie von Freiheit, Liebe, Gewaltlosigkeit, Spontaneität und einfachem, natürlichem Leben. Sie laufen in zehnmal geflickten Jeans herum und zu Weihnachten wollen sie eine Skiausrüstung, die 700 Franken kostet.

Es ist leicht, diese Art von Idealismus zur Sau zu machen. Nur dürfen wir dann nicht darüber lamentieren, daß es gar keinen mehr gibt. In diesem Bereich wird viel und wüst gesündigt. Oft werden Versuche, zu neuen Horizonten aufzubrechen, kurzerhand als linke Spinnerei abgewürgt, und den eigenen platten Egoismus verkauft man als maßvoll, vernünftig, gerecht und sogar als menschenfreundlich.

Das Wort Jesu vom Werden wie die Kinder ist oft so verstanden worden, man müsse möglichst brav, harmlos und einfältig sein. Dagegen hat sich schon Paulus zur Wehr gesetzt, wenn er sagt: *«Brüder, werdet nicht Kinder im Denken. Im Bösen seid unmündig, im Denken aber vollkommen» (1 Korinther 14,20)*. Ein vollkommenes

Denken sieht die Welt, wie sie ist. Es sieht aber auch alle Möglichkeiten und Notwendigkeiten der Veränderung. Gott hat jeder Zeit ihre eigenen Chancen und Aufgaben gegeben. Schon der Prediger warnt deshalb: *«Sag nicht: Wie kommt es, daß die früheren Zeiten besser waren als die jetzigen? Denn nicht aus Weisheit fragst du so!» (7,10)*. Sicher war früher manches besser, aber manches war auch schlechter. Jede Zeit hat Grund zur Hoffnung. Wir haben kein Recht, die Jugend im Namen eines sogenannten gesunden Realismus zu entmutigen. Was ist denn mit den Realisten, die seinerzeit behauptet haben, die AHV sei wirtschaftlich und das Frauenstimmrecht politisch nicht tragbar? Die einzigen wirklichen Realisten sind und bleiben die Visionäre (F. Fellini).

Ein Sprichwort sagt: Not lehrt beten. Berichte über allerhand Katastrophen bestätigen das immer wieder. Gott sei Dank löst nicht nur Not, sondern ab und zu auch großes, unerwartetes Glück ein spontanes Gebet aus. Und manche Menschen habe auch außerhalb solcher Extremsituationen das Bedürfnis, bewußt Kontakt mit dem Geheimnis der Welt zu suchen.
Wie alt und wie stark das Bedürfnis ist, zeigen uns z. B. Dutzende, ja Hunderte von Statuen aus dem alten Mesopotamien, dem alten Iraq, dem Schwemmland zwischen Euphrat und Tigris (*Abb. 21*). Im 3. Jahrtau-

21. Im 3. Jahrt. v. Chr. pflegte man in Mesopotamien Statuen von sich selber in die Tempel zu stiften, um stets vor der Gottheit gegenwärtig zu sein. Die Rekonstruktion zeigt das Innere des archaischen Ischtartempels in Assur. (3. Jahrt. v. Chr.)

send vor Chr. haben da viele Leute Steinbrocken aus den Bergländern im Osten und Norden ins steinlose Schwemmland transportieren lassen, und aus diesen Steinen hat man Statuen seiner selbst, die einen als Beter darstellen, anfertigen und im Tempel aufstellen lassen.
So sind sie in dauerhaftem Material dargestellt immer vor ihrem Gott präsent gewesen. Wie sie so vor ihm stehen, haben sie die Hände verschränkt. Sie fesseln sich gleichsam selber, versagen sich alle Aktivität und sind ganz für ihren Gott da. Manchmal umklammern sie mit ihren Händen einen Becher, wie verlegene Partyteilnehmer *(Abb. 22)*. Die übergroßen Augen sind dabei ganz auf das Gottesbild konzentriert. Oft strahlt ihr Gesicht Ruhe und eine tiefe Zufriedenheit aus. Manchmal ist auch ein Beterpaar dargestellt. Die zuverlässige Treue, die die beiden alten Leutchen verbindet, die sich die Hände halten, scheint dann von Gott getragen und gesegnet.
Woher haben diese Beter ihre beneidenswerte Ruhe und Zuversicht genommen? Ich denke aus der Selbstverständlichkeit, mit der sie das Geheimnis der Welt akzeptieren, aus der schüchternen Selbstverständlichkeit, mit der sie akzeptieren, in einer fremden Wohnung zu leben.
Der Geheimnischarakter und die Fremdheit der Welt sind für unsere Einstellung, die sich stark auf das konzentriert, was man selber machen und erwerben kann, nicht sehr attraktiv. In betont aufgeklärten Kreisen gilt es denn auch fast als unanständig, gläubig von Gott und der Welt Gottes zu reden. Mit dieser Tabui-

22. Mit übergroßen Augen schaut der Beter auf das Gottesbild. In der Hand hält er einen Becher. (Skulptur aus Eschnunna, östlich von Bagdad, um 2700 v. Chr.)

sierung verstümmelt man aber das menschliche Leben, so wie man es früher z. B. durch die Tabuisierung der Sexualität verstümmelt hat. Man hat manchmal das

Gefühl, es werde eine Verstümmelung durch eine andere gerächt.
Zugegeben, eine Art von Leben, bei der man bereit ist, die Konzentration auf die eigene Verantwortung, auf das eigene Tun regelmäßig wieder aufzugeben und sich auf Gott zu konzentrieren, hat etwas Ermüdendes. Denn erstens ist es schwierig und zweitens wissen wir, wenn es uns einmal gelingt, das Kreisen um uns selber abzustellen und uns auf Gott zu konzentrieren, dann doch nicht so recht, was wir vor dem ewigen unbegreiflichen Gott sagen, worum wir beten sollen (Römerbrief 8,26). Das ist wohl der tiefste Grund, warum unsere kleine Sara fast jedesmal beim zweiten oder dritten Satz ihres Nachtgebets herzhaft zu gähnen anfängt. Und das große Gähnen beim Beten überfällt ja nicht nur sie. Mich stört dieses Gähnen allerdings nicht. Es erinnert mich an den Psalm 127: *«Seinen Freunden gibt der Herr Schlaf!»* Martin Luther hat das zu banal gefunden und hat übersetzt: *«Seinen Freunden gibt er es im Schlaf!»* Was soll dieses «es» sein? Der Urtext sagt ganz einfach und deutlich *«Seinen Freunden gibt der Herr Schlaf»*. Nicht mehr und nicht weniger.
Vom Schlaf als Fortsetzung des Gebets, ja als eine andere Art von Gebet redet auch der Psalm 4. *«Friedlich»*, so schließt der Beter, *«strecke ich mich aus und schlafe ein. Du ganz allein, Herr, lässest mich in Sicherheit wohnen!»* Nicht auf einem verbesserten Antiterroristengesetz, auf einer verstärkten Polizei beruht seine Zuversicht, sondern darauf, daß es ihm gelungen ist, sich für einen Augenblick von seiner Beschäftigung mit sich selber, von seinen Ambitionen und seinem Besitz

zu lösen und sich ganz auf Gott zu konzentrieren. Und das kann, wie für die alten mesopotamischen Beter, auch für uns noch eine Quelle innerer Ruhe und Zuversicht sein.

Das Erhalten der Weltordnung durch Trampeln

Die alten Ägypter haben sich während ihrer ganzen Geschichte durch die Asiaten im Osten, die dunkelhäutigen Nubier im Süden und die nomadisierenden Libyer im Westen beunruhigt gefühlt. Sie haben diese Völker dementsprechend gehaßt und sie aus diesem Haß heraus bei jeder Gelegenheit als frech, aber eigentlich unfähig, als besiegt und unterworfen dargestellt. Wenn die Ägypter internationale sportliche Veranstaltungen abbilden, siegen immer sie. Wie z.B. *(Abb. 23)*

23. Relief aus Medinet Habu in Oberägypten (um 1180 v. Chr.) mit einer Darstellung von Ringkämpfen, die vor dem Pharao aufgeführt worden sind. Die Ägypter (müssen) siegen, die Nubier unterliegen.

der ägyptische Ringkämpfer, der links einen Nubier (mit Ohrringen) packt, ihn – in der Mitte – mit Schwung herumreißt, und rechts, nachdem er ihn zu Boden geworfen hat, triumphiert. Sportliche Wettkämpfe sind ritualisierte Kriege. Den Krieg selber

haben die Ägypter auf monumentalen Mauerreliefs und in flüchtigen Skizzen, wie der von *Abb. 24* so dargestellt, daß der Pharao die Feinde Ägyptens bündelweise am Schopf packt und mit geschwungenem Schwert in die Knie zwingt.
Besonders gerne hat man die Feinde als Gefangene

24. Altägyptische Skizze (um 1150 v. Chr.), die den Pharao beim Niederschlagen der Feinde zeigt.

gezeigt. Man hat die Bilder gefesselter Asiaten und Libyer auf den Thronschemel des Königs «eingeschnitzt», so daß die königlichen Füße auf ihnen ruhten, ja man hat aus ihren Figuren den Schemel der königlichen Füße gebildet. Sogar auf den königlichen Sandalen *(Abb. 25)* hat man gefesselte Asiaten und Nubier angebracht, so daß der König buchstäblich den ganzen Tag auf ihnen herumgetrampelt ist. Auf diese Weise hat er die rechte Weltordnung erhalten. Der penetrante Unterwerfungswille, der sich da äußert, und der halb abstoßend, halb komisch wirkt, befremdet uns. Aber vieles, das uns auf den ersten Blick fremd anmutet, entpuppt sich bei näherem Zusehen als gar nicht so fremd.

Haben denn nicht auch wir unsere Gegner, politische und private, auf denen wir Tag für Tag herumtrampeln müssen? Auf politischer Ebene z. B. etwa hat sich eine große Mehrheit der Schweizer auf die Russen und eine kleine Minderheit auf die Amerikaner eingeschossen. Bei jeder möglichen und manchmal auch unmöglichen Gelegenheit weist man auf die Gefährlichkeit und Unfähigkeit dieser Mächte hin. Im privaten Bereich hat fast jeder und jede einen ekelhaften Arbeitskollegen, eine unmögliche Verwandte, einen Nachbarn, in den man sich verkrallt hat.

Man kann und muß mit guten Gründen vieles kritisieren und manches bekämpfen. Was aber bei den alten Ägyptern, wie bei uns peinlich berührt, ist die Besessenheit, aus der heraus getrampelt wird. Eine solche Besessenheit läßt keine Gegenbilder zum Freund-Feind-Schema mehr aufkommen. Gegenbilder, wie

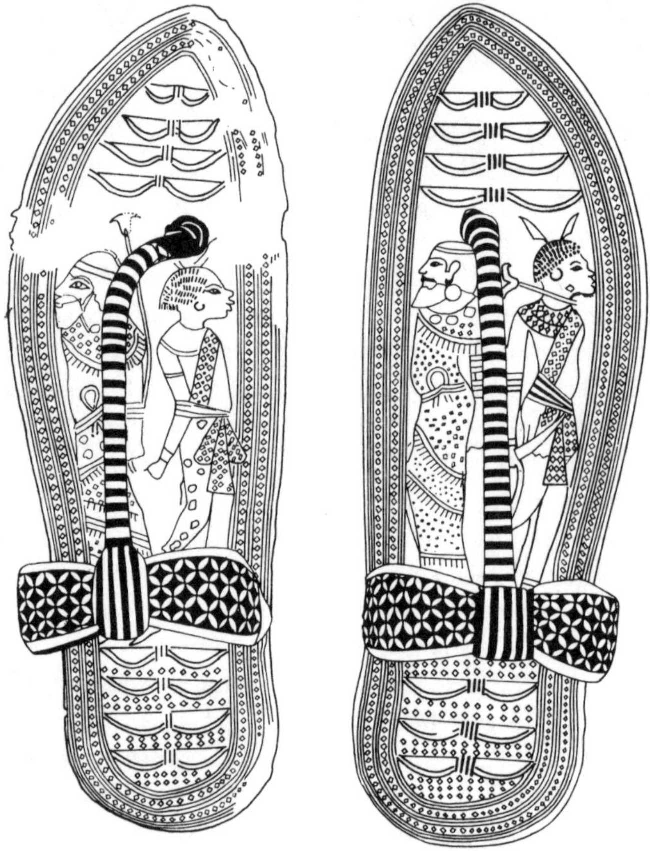

25. Sandalen des ägyptischen Königs Tutanchamun (um 1330 v. Chr.), denen die traditionellen Feinde Ägyptens aufgemalt sind, sodaß der Pharao, wenn er geht, dauernd auf sie tritt.

man sie hie und da sogar im alten Ägypten noch findet *(Abb. 26)*. Da spazieren hintereinander die von den Ägyptern so gehaßten Asiaten, Nubier, Libyer, jeder in seiner ihm eigenen Tracht und Frisur, zusammen mit den Ägyptern. Das ungewohnte, friedliche Neben-

einander garantiert der links außen dargestellte, durch den Falkenkopf symbolisierte Sonnengott, der, auf den Hirtenstab gestützt, die ganze Menschheit hütet.
Es ist eine ebenso großartige wie schmerzliche Einsicht, daß auch der ekelhafte Arbeitskollege, die absolut unmögliche Verwandte, ja, sämtliche Akteure der großen Comédie humaine die Liebe des Schöpfers trägt. Es ist eine Konsequenz des Gottesglaubens, und ohne diese Konsequenz verliert er viel von seinem Sinn. Diese Konsequenz erlaubt uns aber, auch gelegentlich aus unseren privaten und politischen Schützengräben herauszusteigen und von unserem welterhaltenden pharaonischen Getrampel ein bißchen Urlaub zu nehmen.

26. Die Vorstellung vom Gott, der einzig das hehre Vaterland schützt, wurde schon im alten Ägypten gelegentlich durch das Bild vom Gott ergänzt, der der Hirte aller Menschen ist. Der falkenköpfige Sonnengott waltet gleichzeitig als Hirte der Ägypter, Asiaten, Nubier und Libyer (von links nach rechts), die die ägyptische Welt bildeten. (Bild aus dem Grab Sethos I., um 1300 v. Chr.)

Die Arbeit am Frieden

Familie im Kleinen, Familie im Großen

Die Gelegenheit, die Silberne oder Goldene Hochzeit der Eltern, den Sechzigsten, Siebzigsten oder Achtzigsten des Vaters oder der Mutter im Familienkreis zu feiern, läßt uns immer wieder so recht erfahren, was Familie bedeutet. Nicht selten hört man bei einem solchen Fest die Gefeierten, wenn sie überhaupt zum Reden kommen, sagen: Am meisten freut uns, daß sich unsere Kinder untereinander so gut verstehen. Wo die Gefeierten das nicht sagen können, da liegt ein Schatten über dem Fest, der sich nicht vertreiben läßt. Denn was Geschwister einander «zleidwerchen», das trifft ja immer auch die Eltern.

Normale Eltern sind doch mit allen ihren Kindern und Enkeln tief verbunden. Sie wissen, daß ihre Kinder verschieden sind, daß keines vollkommen ist, daß aber jedes, wirklich jedes auch seine gute Seite hat. Es verletzt die Eltern tief, wenn die Kinder im Streit nur noch ihre schlechten Seiten sehen und hervorheben. In solchen zerstrittenen Familien gibt es manchmal ein Kind, das mit den Eltern fühlt und probiert, die zerstrittenen Parteien zu versöhnen. Das ist meistens eine sehr undankbare Sache, denn in der Regel finden dann beide Parteien, diese Schwester oder dieser Bruder sei naiv, dumm oder gar von der Gegenseite gekauft, weil sie oder er die ganze Bosheit, die ganze Gemeinheit der Gegenseite nicht durchschaue oder nicht durchschauen wolle. Es ist klar, daß die Eltern so ein Kind ganz besonders in ihr Herz schließen, weil es mit ihnen und mit allen seinen Geschwistern mitlebt, weil ja alle ihre gute Seite haben.

Eltern und Geschwister, die mit einer zerstrittenen Familie leben müssen, haben eine besondere Chance zu begreifen, was Jesus mit seinem Ausruf meint: «Selig, die Frieden stiften, denn diese werden Söhne und Töchter Gottes heißen.» Jesus hat ja das Geheimnis der Welt im Bild eines Vaters vorgestellt, und vor diesem Hintergrund ist die berühmte Forderung Jesu «Liebet eure Feinde!» gar nicht so verwunderlich. Sie ist so allerdings nicht ganz zutreffend übersetzt. Es ist ja auch psychologisch gar nicht möglich, seine Feinde zu lieben. Der aramäische Ausdruck meint eher etwas wie: «Versöhnt eure Feinde!», unternehmt etwas, eure Feinde von ihrer Feindschaft abzubringen.

Diese Forderung gilt für den individuellen, wie für den politischen Bereich. Dabei geht es dem, der sich im politischen Bereich für Versöhnungsarbeit und nicht für eine schlagkräftige Armee einsetzt, nicht anders als dem, der sich im familiären Bereich für Versöhnung engagiert. Er gilt als naiv, dumm oder gar als vom Feind gekauft. Manche halten schon den für unschweizerisch und dumm, der sich für einen Beitritt der Schweiz zur UNO einsetzt. Dabei ist die UNO bei allen schweren Mängeln doch der einzige Versuch, die Völkerfamilie um einen Tisch zusammenzubringen, wo sie ihre Probleme ausdiskutieren kann, statt sie mit Waffengewalt auszutragen. Es scheint mir einfach ein bißchen arrogant, wenn die Schweiz sich selber zu einem auserwählten Volk ernennt, das seine Eigenart durch Abkapselung bewahren muß. Sicher sitzen in der UNO Vertreter mancher krimineller Regierungen. Aber die Schweiz betont ja immer, daß sie Beziehungen zu Staaten und Völkern, nicht zu Regierungen unterhalte. Und will denn jemand behaupten, es gäbe Völker, die keine einzige gute Seite hätten? Aus Solidarität mit unseren Freunden in der UNO wie etwa Österreich, Schweden, Holland und gerade weil wir viele positive politische Einrichtungen zu propagieren haben, haben wir meines Erachtens die Pflicht, unseren Beitrag an diesen Familienrat zu leisten. Mindestens müssen wir uns bei dieser ganzen Geschichte immer wieder fragen, wie unsere Argumente, unsere Entschuldigungen und Ausreden dafür, von diesem Familientreffen wegzubleiben, in den Ohren eines elterlichen Gottes tönen.

Rundschreiben als Antwort auf die Briefe zum «Wort zum Sonntag» vom 9.10.1982

Freiburg, 19.10.1982

Sehr geehrte Zuschauerin,
sehr geehrter Zuschauer,

auf das «Wort zum Sonntag» vom 9. Oktober habe ich zahlreiche Zuschriften bekommen. Da inzwischen ja auch wieder das Semester begonnen hat, kann ich mich leider nicht bei jedem und bei jeder persönlich bedanken. Zahlreiche Reaktionen betonen, daß das, was ich im ersten Teil zu Streit und Versöhnung in der Familie und zu den Schwierigkeiten solcher Versöhnung gesagt habe, sehr gut gefallen hat. Manche sind dann aber dazu übergegangen zu sagen, die Propaganda für die UNO hätte hingegen gar nicht gefallen. Zwei haben mir sogar vorgeworfen, meine Äußerungen zur UNO seien ein Mißbrauch der religiösen Sendung gewesen. Davon kann aber keine Rede sein.

Nach meinem Arbeitsvertrag mit dem Fernsehen habe ich Geschehnisse und Probleme des privaten und öffentlich-politischen Lebens im Lichte der Bibel und der Theologie zu kommentieren. Genau das hab ich am 9.10. getan.

Sicher kann man über den UNO-Beitritt verschiedener Meinung sein. Wenn jemand schreibt, ich hätte über jene, die gegen einen UNO-Beitritt seien, den Zorn Gottes heraufbeschworen, so ist das einfach frei erfunden. Ich habe gesagt, wir müßten uns überlegen, wie *die Argumente,* die wir gegen einen UNO-Beitritt anführen, in den Ohren eines väterlichen Gottes, der alle Völker liebt, tönen. *Das* war mein Anliegen. Punkto UNO muß man unterscheiden, was sie will und was sie leistet und leisten kann. Manche Briefschreiber haben sich damit begnügt festzustellen, die UNO hätte versagt. Erstens stimmt das so pauschal formuliert ganz einfach nicht. Die UNO und verschiedene Zweigstellen der UNO haben in unzähligen Fällen konkrete Hilfe gebracht. Ich erinnere z.B. an die Afghanistan-Flüchtlinge.

Zweitens ist es immer billig festzustellen, andere hätten versagt. Die UNO hat sich nach den schrecklichen Erfahrungen des Zweiten Weltkrieges eine der schwersten und wichtigsten Aufgaben gestellt, die sich die Menschheit überhaupt stellen kann und muß, nämlich den Frieden auf unserer Erde zu wahren, die immer kleiner wird. Diese Aufgabe ist so wichtig, daß es schon ein großes Verdienst ist, wenn man sie in Angriff nimmt, auch wenn man sie in vielen Einzelfällen nicht bewältigt. Es ist billig zu meinen, man habe nicht versagt, nur weil man gar nie probiert hat, seine Pflicht zu tun. Schon im Bereich der einzelnen und der Familie riskiert jeder, der sich um Versöhnung bemüht, Fehlschläge. Aber wenn dann in solchen Situationen ein Egoist kommt, der sich nie um jemanden als um sich selber gekümmert hat, und aus diesen Fehlschlägen den Schluß zieht, er sei der Schlauere gewesen, dann ist das nur peinlich, sonst nichts.

Die UNO ist erst der zweite Versuch nach dem Völkerbund, ein weltweites Forum zur Erhaltung des Friedens zu schaffen. Nur ein Naiver, der nie eine wirklich schwierige Aufgabe angepackt hat, kann glauben, das könne und müsse auf Anhieb klappen. Die Schweiz hat im Völkerbund als Gastgeberland eine wichtige Rolle gespielt. Sie war dann über den Zusammenbruch sehr enttäuscht. Aber man kann doch nicht ewig schmollen, weil ein erster Versuch geplatzt ist. Heute hört man oft das Argument, die Schweiz als Kleinstaat könne doch nichts ausrichten. Aber wenn es um die größten Finanzplätze und die reichsten Länder geht, dann zählt man sich gern dazu. Doch gilt es, eine zugegebenerweise lästige Pflicht zu erfüllen, dann kann man nicht genug betonen, wie klein und unbedeutend man sei.

Gewichtiger als der Einwand der begrenzten Möglichkeiten scheint mir der, Bruder Klaus hätte gesagt: Mischt euch nicht in fremde Händel. Mit «Händel» meint Bruder Klaus nach damaligem Sprachgebrauch «bewaffnete Streitigkeiten», «Kriege». Ein UNO-Beitritt bringt keine Gefahr, daß wir in einen bewaffneten Konflikt hineingezogen werden. Natürlich müßten wir hie und da Farbe bekennen. Aber das sollten wir eigentlich auch sonst. Man sagt ja immer wieder, unsere Neutralität heiße nicht, daß wir unserem Abscheu oder unserer Sympathie für gewisse politische Ereignisse nicht Ausdruck geben dürften.
Manche erwähnen auch die Kosten eines UNO-Beitritts. Gut! Die Mitglieder der (zerstrittenen) Menschheitsfamilie beschließen sich zu treffen und ihre Probleme auszudiskutieren. Alle Mitglieder sind aufgerufen, an der Lösung dieses ganz wichtigen Problems mitzuarbeiten. Die reiche Schweiz «vermag es nicht», dabei zu sein. Ja, sind Sie überzeugt, daß das in den Ohren eines väterlichen Gottes glaubwürdig oder gar sympathisch tönt? Diese Frage war der Inhalt meines Worts zum Sonntag, nicht mehr und nicht weniger.

Mit freundlichen Grüßen

Othmar Keel

Man hört gelegentlich kritisieren, bei den Jungen sei der Sinn für spezifisch christliche Werte verloren gegangen. Sie würden alles in einen Topf werfen. Dabei gäbe es doch spezifisch christliche Werte wie z.B. die Feindesliebe, die in einem scharfen Gegensatz zu islamischen Lehre vom Heiligen Krieg stünde, aber auch in Gegensatz zur vagen Freundlichkeit des Buddhismus, die letztlich Gleichgültigkeit sei, da es darum gehe, sich von allem zu lösen.
Wenn man die Feindesliebe aber nicht nur als apologetisches Motiv benützt, das dazu dient, das Christentum gegenüber andern Religionen zu profilieren, stellt sich die Frage, ob Feindesliebe psychologisch überhaupt möglich ist. Der Feind ist ja derjenige, der mich bedroht, mich in die Enge treibt, ängstigt, radikal in Frage stellt. Wie kann ich ihn da lieben? Die aramäische, von Jesus formulierte Originalfassung dieses Satzes scheint aber viel eher «Versöhnet euch eure Feinde!» als «Liebet eure Feinde!» zu bedeuten und das ist, wenn auch sehr schwierig, so doch eher möglich. Ob Feindesliebe oder Feindesversöhnung, wir tragen diese jedenfalls gern als eine Art kostbaren Schmuck. Wir Christen haben sie. Aber die Praxis ist bei uns Christen ebenso unbeliebt wie anderswo. Sie liegt nicht drin.
Ich habe mich anläßlich der großen Friedensdemonstration vom letzten Sonntag (5.11.1983) in Bern gefragt: Was kann ein normaler Schweizer Christ für den Frieden tun? Was kann er für die Versöhnung tun?

Das Evangelium drängt ihn dazu, etwas zu tun. Die Kirchen, heißt es, engagieren sich für den Frieden.

Friede und Versöhnung beginnen wie Haß und Krieg im Herzen. Und wie sieht es da aus? Da sieht es doch so aus, daß die meisten Schweizer einen großen, gefürchteten und gehaßten Feind haben: die Sowjetunion! Nun ist ja der sowjetische Staat tatsächlich auf weite Strecken eine sehr ungemütliche Einrichtung. Wenn wir sehen, wie sie mit ihren eigenen Bürgern umspringt, wie sie die von ihr beherrschten Völker unter der Knute hält, dann scheinen Mißtrauen, Angst und Haß die einzigen möglichen Reaktionen zu sein. Wenn ich die Grenze zur DDR mit ihren Wachtürmen, Wolfshunden und Stacheldrahtverhauen passiere, muß ich mich beherrschen, die Verantwortlichen, die diese Einrichtungen aufrechterhalten, nicht laut zu verfluchen. Und tatsächlich dürfen wir von einer beharrlichen Denunziation des Unrechts nicht ablassen. Versöhnung heißt mitnichten, die Augen vor dem Unrecht zu verschließen.

Aber Versöhnung heißt, nicht nur Augen für das Unrecht zu haben, sondern gleichzeitig Augen für das (beschränkte) Recht, für die wenn auch nur teilweise vorhandene Richtigkeit der Position des anderen zu bekommen. Und da ist einiges zu tun. Wir vergessen zu leicht und zu schnell, daß Rußland im Lauf der neueren Geschichte von Westen her zweimal ohne jeden Grund äußerst brutal angegriffen worden ist, einmal von Napoleon, einmal von Hitler. Bei diesen beiden Piratenakten von gigantischem Ausmaß waren auch Schweizer beteiligt. Solche Erlebnisse prägen ein

Land. Wenn der Westen, vor allem die USA, in den siebziger Jahren versucht hat, China, den anderen traditionellen Feind der Russen, gegen die Sowjetunion zu mobilisieren, dann geben wir uns zu wenig Rechenschaft darüber, was das heißt. Viele Russen fürchten sich vor den Chinesen genauso, wie wir uns vor den Russen fürchten. Und eine gewisse Hysterie ist bei solchen skrupellosen Einkreisungsversuchen mehr als begreiflich.

Es gibt nichts darüber zu diskutieren. Der Abschuß einer südkoreanischen Verkehrsmaschine durch russische Jagdflugzeuge in der Nacht vom 1. September 1983 ist ein abscheulicher, verwerflicher und nicht zu entschuldigender Akt. Das festgehalten ist nicht zu übersehen, daß zur gleichen Zeit mehrere amerikanische Spionageflugzeuge in jenem Raum operierten. Das schien uns richtig, während wir das Auftauchen sowjetischer Unterseeboote vor der amerikanischen Küste mit Empörung registrieren. Bei soviel kaltem Krieg ist Versöhnung nicht möglich.

Aber nicht nur das russische Spionageverhalten, auch die russische Aggressivität wird einseitig dämonisiert und so der Krieg vorbereitet. Das russische Verhalten in Afghanistan ist scharf zu verurteilen. Aber es ist vom amerikanischen Verhalten in Vietnam nicht so verschieden, wobei zusätzlich nicht zu übersehen ist, daß Afghanistan näher bei Rußland liegt als Amerika bei Vietnam. Die Behauptung, die Russen würden keinen Fußbreit Boden, den sie einmal betreten haben, wieder preisgeben, ist einfach nicht wahr. Die Russen hatten am Ende des Zweiten Weltkrieges große Teile von Österreich und die finnische Halbinsel Porkkala besetzt und sind freiwillig wieder abgezogen. Man kann das bagatellisieren, aber eine Tatsache ist es doch. Nasser hat die Russen in großer Zahl nach Ägypten geholt. Sadat hat sie wieder vor die Tür gestellt, und sie haben sich stellen lassen. Es dient der Versöhnung nicht, wenn man die russische Aggressivität beschönigt. Aber es ist ein geistiges Attentat auf die Versöhnung, wenn man die russische Aggressivität verteufelt und die amerikanische beschönigt.

Hinter vorgehaltener Hand geben manche sehr antisowjetische Politiker bei uns zu, daß sie überzeugt seien, ein sowjetischer Überfall auf Europa liege weder im Interesse noch in der Absicht der Sowjetunion. Aber massive Auf- und Nachrüstung sei doch nötig, um die Finnlandisierung Europas zu verhindern. Ich hatte diesen Sommer Gelegenheit, mit einigen Finnen zu sprechen. Ich hatte den Eindruck, die Finnlandisierung sei bei einigen bekannten Schweizer Tageszeitungen eine viel intensivere Realität als in Finnland.

Als ich diesen Sommer in der Tagespresse die ersten Meldungen über die Schließung des sowjetischen Nachrichtenbüros «Novostni» in den Zeitungen las, stimmte ich dem Bundesrat voll zu. Die Einmischungen in unsere Politik, die da angedeutet wurden, waren doch empörend. Als sich dann der Explosionsrauch ein bißchen lichtete und einige klare Fakten greifbar wurden, nahm bei mir das ungute Gefühl zu, es sei da ein propagandistischer Kanonenschuß abgegeben worden, um den kalten Krieg nicht allzusehr abflauen zu lassen.

Feindesliebe und Feindesversöhnung wurden von der Christenheit zu lange nur als glänzender Schmuck geschätzt. Als Praxis waren sie eher verdächtig und wenig beliebt. Sie galten und gelten weit herum noch als Zeichen von Naivität, von Schwäche, um nicht zu sagen von Schwachsinn, während markige Worte der Dämonisierung als befreiende Taten intakter Freiheitsliebe und eines intakten Gerechtigkeitssinnes galten und gelten. Es sieht aber so aus, daß diese Zeit zur Neige geht. Massenvernichtungswaffen zwingen unausweichlich dazu, in Feindesliebe und Feindesversöhnung nicht mehr das utopische Hobby einiger weniger zu sehen, die das Evangelium beim Wort nehmen, sondern als mühsame, aber einzige seriöse Strategie zu akzeptieren. Die Pfahlbauermoral «Liebe die Freunde, hasse die Feinde!» hat im Nuklearzeitalter ganz einfach ausgedient. Nostalgie nach diesen einfachen Zeiten hilft nichts. Begreiflicherweise fällt es gerade den in fortschrittlicher militärischer Technik Bewanderten schwer, hier auch noch aufzuholen. Aber Gott setzt sich auch hier durch. Widerstand ist nur um den Preis der Existenz möglich, unserer moralischen und physischen Existenz.

«Menschenfresser»

Das Bild, das ich Ihnen heute zeigen möchte, scheint auf den ersten Blick ein richtiges Sonntagsbild zu sein *(Abb. 27)*. In einer ordentlichen Stube, an der Wand ein Blumenstilleben, ein Familienphoto, ein Kreuz, sitzt ein Mann und kaut mit vollen Backen. Die umgebundene Serviette, die Brille und das aufgeschlagene Buch verraten: Es handelt sich um einen zivilisierten, ja um einen gebildeten Mann. Etwas seltsam ist nur die Art, wie er zupackt. Er ißt mit den Händen, ja man möchte sagen, mit den Fäusten, und noch mehr befremdet, was er da ißt: In der Linken hält er eine menschliche Hand, in der Rechten einen Fuß und vor ihm auf der Platte liegt ein gehäuteter menschlicher Kopf.

Die Federzeichnung stammt von Friedrich Dürrenmatt. Vielleicht denken Sie: Der Mann hat eine kranke Phantasie. Was muß im Kopf eines Menschen vorgehen, der solche Bilder produziert? Schreckliches! Und warum zeigen Sie uns solch ein Bild?

Ich habe Ihnen das Bild gezeigt, weil ich als Wort-zum-Sonntag-Sprecher die Aufgabe habe, uns Schweizer mit dem Wort Gottes in der Bibel zu konfrontieren, die Bibel unüberhörbar zum Sprechen zu bringen und nicht als geschlossenes Buch zu beweihräuchern.

Als ich das Bild von Dürrenmatt zum ersten Mal sah, empfand ich es im ersten Moment auch als einfach schrecklich. Aber im zweiten Moment fielen mir die

27. Friedrich Dürrenmatts Zeichnung zum Welthungerjahr 1967: «Grausamer Vater mit hungrigen Kindern».

Worte eines alttestamentlichen Propheten ein, eines Propheten aus der Peripherie, aus der Marginalität, der den Bewohnern der Hauptstadt zuruft: «Wißt ihr tatsächlich nicht, was Recht ist ... ihr, die ihr das Fleisch meiner Leute verzehrt und ihnen die Haut schindet und ihre Knochen zerbrecht und sie traktiert, wie für den Kochtopf und wie Fleisch auf der Platte. Wenn ihr zu Gott ruft, gibt er euch keine Antwort. Er verbirgt sich vor euch!» (Micha 3,2–4). Micha stellt die Jerusalemer als Kannibalen dar, weil ihr Komfort und ihr hoher Lebensstandard mindestens zum Teil auf einer geschickten und skrupellosen Ausnützung der judäischen Kleinbauern beruht, und F. Dürrenmatt hat das Bild gezeichnet, weil der berühmte Reichtum der Schweiz, auf den wir sehr stolz sind, auch nur zum Teil auf unserem Fleiß, zum Teil aber auf einer geschickten und skrupellosen Ausnützung der Schwächen der Dritten Welt beruht, auf zu niederen Rohstoffpreisen, auf zu hohen Preisen für Industriegüter, auf Fluchtgeldern und ähnlichem mehr.

Wie die beiden gierigen und entsetzten Kinder, die sich auf dem Bild an der Tischkante halten, erwarten die Armen der Dritten Welt von uns nicht paternalistische Ratschläge, sondern brüderliche Taten.

Mit dem feierlichen Titel HEILIGE SCHRIFT haben wir die Bibel mit dem harten Einsatz der Propheten für eine bessere Welt in ein rosa-goldenes Licht getaucht. Ein Bild, wie das von Dürrenmatt, kann uns helfen, die Entrüstung und den Einsatz der Propheten zu sehen, die Entrüstung und den Einsatz, die den Propheten von Micha über Jesus bis zu den russischen Dissidenten und F. Dürrenmatt immer wieder den Vorwurf eingetragen haben, geistig krank zu sein.

An der Richtigkeit der prophetischen Sicht hat dieser Vorwurf natürlich nichts geändert. Man wird nicht schöner dadurch, daß man ganz einfach die Spiegel zerschlägt, die einem die eigene Häßlichkeit offenbaren.

(Ich habe in der Folge die Dritt-Welt-Problematik nur ganz am Rande aufgegriffen, weil sie Justin Rechsteiner, mein Kollege beim Wort zum Sonntag, regelmäßig aufgegriffen hat.)

Fremdarbeiter in Ägypten und anderswo

Die Israeliten, die in biblischer Zeit als Fremdarbeiter nach Ägypten gekommen sind, haben Hunger und Arbeitslosigkeit zu diesem Schritt getrieben. Wie die armen Wanderhirten auf dem ägyptischen Relief *(Abb. 28)*, haben sie sich vor den sauberen ägyptischen Grenzbeamten nicht nur auf den Bauch, sondern sogar auf den Rücken gelegt und sie haben untertänigst darum gebeten, eingelassen zu werden. Und die Ägypter waren so großzügig, sie in ihr schönes Land hineinzulassen. Beide konnten zufrieden sein.

28. Durch Hunger bedrohte Asiaten, Libyer und Nubier bitten an der ägyptischen Grenze um Einlaß. (Relief aus Sakkara, um 1300 v. Chr.)

Reine Menschenfreundlichkeit war es von seiten der Ägypter allerdings nicht. Sie brauchten billige Arbeitskräfte für das Baugewerbe, wie *Abb. 29* zeigt, weil damals in Ägypten ein großer Bauboom herrschte. Als aber die Israeliten auf den Bauplätzen und auch sonst

29. Ägypter und Fremdarbeiter bei der Ziegelfabrikation und auf dem Bau. (Ägyptische Wandmalerei um 1450 v. Chr.)

überall immer zahlreicher wurden, da, heißt es in der Bibel, «begann es den Ägyptern vor den Israeliten zu grauen – Stichwort Überfremdung –, und die Ägypter begannen die Israeliten brutal auf die Arbeit einzuschränken, auf Bauarbeit, auf Arbeit in der Landwirtschaft und auf allerhand Dienstleistungen ...» (2. Buch Mose 1,12f.). Was will ich damit sagen? Etwa, wir Schweizer seien häßliche Ausnützer und unsere Fremdarbeiter diejenigen, die – wie damals die Israeliten – die Sympathie Gottes und der Geschichte auf ihrer Seite haben? Man muß bei solchen geschichtlichen Vergleichen vorsichtig sein. Vieles war damals anders. Aber *eine* Gemeinsamkeit zwischen dem Pharao und uns gibt es doch: Wir wollen Arbeitskräfte und gleichzeitig nicht zuviel Fremde. Genau aus diesem Zwiespalt heraus fängt beim Pharao die Unterdrükkung an, und im genau gleichen Zwiespalt stecken wir und wollen ihn u.a. mit dem Saisonnierstatut überwinden. Aber mit Unterdrückung, so werden manche sagen, hat das doch nichts zu tun. Ich weiß nicht, ob das so sicher der Fall ist. Es ist stets zweierlei, ob man eine Anordnung trifft oder ob man davon betroffen wird. Ein Beispiel: Ich erinnere mich an meinen ersten WK, vor gut 20 Jahren. Der Feldweibel las die Liste derer herunter, die auf die Sonntagswache gehen mußten. Kaum war er fertig, hat sich einer von ihnen gemeldet und ganz aufgeregt gesagt: «Das können Sie nicht machen. Ich habe eine Frau zu Hause und da kann doch einer von diesen jungen, von den Ledigen auf die Wache.» Nach einem kurzen heftigen Streit gab der Feldweibel nach, und am nächsten Sonntag gab's überhaupt keine Sonntagswache mehr.

Manche Schweizer empfinden einen einzigen Sonntag Sonntagswache als Zumutung und gleichzeitig finden sie nichts dabei, daß Tausende von verheirateten Ausländern 10, 20 Sonntage hintereinander ohne ihre Frauen verbringen müssen und Tausende von Frauen und Kindern 10, 20 Sonntage ohne Mann und Vater.

Sicher ist das nur schwer zu ändern. Aber was einen bei dieser Sache immer wieder ärgert, ist die heuchlerische *Selbstverständlichkeit*, um nicht zu sagen, Arroganz, mit der anderen zugemutet wird, was man für sich nie akzeptieren würde. Im Parlament ist gesagt worden: Wir brauchen kein schlechtes Gewissen zu haben, unsere Fremdarbeiterregelungen seien ganz in

Ordnung und das ließe sich anders gar nicht machen und wer dagegen sei, verstünde nichts von Wirtschaft. Zugegeben, ich verstehe davon nicht viel, aber soviel weiß ich, daß alles seinen Preis hat. Auch das Adjektiv «christlich» hat seinen Preis, ob es von einzelnen oder von Parteien benützt wird. Es wird in der Bibel beharrlich wiederholt: *«Wie ein Alteingesessener, wie einer von euch, soll euch der Fremde bei euch gelten»* (3. Buch Mose 19,34). *«Ihr dürft den Fremden nicht unterdrücken! Und dazu müßt ihr wissen, wie es einem Fremden zumute ist»* (2. Buch Mose 23,9). Die Forderung ist klar. Natürlich können wir sie, wie viele andere, übertreten. Aber dann sollten wir wenigstens so ehrlich sein, das auch zuzugeben. Und vielleicht schenkt uns Gott aufgrund dieser Ehrlichkeit die Gnade, in Zukunft ein faires oder wenigstens faireres Verhältnis zu unsern Fremdarbeitern zu finden.

Heuchelei der Männer

Die Schweiz hat zweifellos einen hohen Standard in Sachen Recht und Gerechtigkeit. Aber wo viel Licht ist, ist viel Schatten und wo viel Gerechtigkeit viel Selbstgerechtigkeit. Es ist das besondere Verdienst der Bibel, immer wieder gegen jede Form von Überheblichkeit und Heuchelei gekämpft zu haben. In der von Männern beherrschten Welt von damals, die von unserer häufig gar nicht so verschieden ist, hat die Selbstgerechtigkeit vor allem im Umgang der Männer mit den Frauen eine große Rolle gespielt. Das Alte Testament hat sie in der Geschichte der Tamar aufs Korn genommen (1. Buch Mose 38).

Tamar war die Schwiegertochter des Patriarchen Juda. Es soll heute noch Männer geben, die für alles, was nicht klappt, ihrer Frau oder einer Schwiegertochter die Schuld geben. Eine Frau hat mir kürzlich gesagt, sie sei sogar schuld, wenn es über das Weekend regne. Wie dem auch sei, der Patriarch Juda hat jedenfalls seine Schwiegertochter Tamar ohne Grund für den Tod seiner beiden ältesten Söhne verantwortlich gehalten und deshalb seinen dritten Sohn, der ihr zugestanden wäre, widerrechtlich verweigert. So war Tamar zwar verheiratet, und mußte doch ohne Mann und ohne Kinder bei ihren Eltern leben. Sie hätte aber wahnsinnig gern Kinder gehabt. Wie sie hörte, daß ihr Schwiegervater wegen einer Schafschur in die Nähe des Dorfes komme, hat sie aus Sehnsucht und Verzweiflung einen verrückten Entschluß gefaßt. Sie ging heimlich von zu Hause weg, verhüllte sich ganz, wie das die Frauen im Alten Orient schon vor dem Islam gelegentlich gemacht haben, und setzte sich wie eine Dirne an den Weg, wo ihr Schwiegervater vorbeikommen mußte. Dieser war – weit weg von seinem Dorf – einem Seitensprung nicht abgeneigt und machte sich an die vermeintliche Dirne heran. Sie fragt: Was gibst du mir dafür? Und er: Ich schicke dir ein Ziegenböcklein von meiner Herde! Sie: Dann mußt du mir aber ein Pfand geben, bis du es schickst! Er: Was? Und sie: Dein Siegel! Das gibt er nicht gerne aus der Hand. Denn so ein Siegel war das Persönlichste, was ein Mann im Alten Orient mit sich herumtrug. Wenn er z.B. einen Brief oder eine Urkunde abfassen ließ, hat er zuerst sein Siegel auf der Tontafel abgerollt, die man dafür benützte. Erst dann hat man darauf geschrieben. Durch die Abrollungen wurde das Dokument als authentisch beglaubigt. Es ist verständlich, daß Juda so etwas Wichtiges der unbekannten Dirne nur ungern ausgehändigt hat. Am folgenden Tag hat er dann auch sofort einen guten Freund mit dem versprochenen Böcklein geschickt, um das Siegel wieder einzulösen. Aber der Freund hat die Dirne nicht gefunden. Und wie er wieder mit seinem Böcklein und ohne Siegel nach Hause kommt, sagt Juda: Dann soll sie es halt behalten, wenn nur nichts auskommt! Offenbar sein einziges moralisches Problem! Monate vergehen, und Juda vergißt sein Siegel. Eines Tages meldet man ihm: Deine Schwiegertochter Tamar ist schwanger. Jetzt ist der Patriarch empört. Sie hat doch gar keine Gelegenheit zu legitimem ehelichem Umgang gehabt. Also hat sie Unzucht getrieben. Also hat sie die Ehe gebrochen. Also hat sie die Familie in Schande gebracht. Sie muß gesteinigt, sie muß verbrannt werden. Wie Tamar zur Hinrichtung geführt werden soll, läßt sie Juda sein Siegel bringen und mitteilen: Ich bin von dem schwanger, dem dieses Siegel da gehört. Juda sieht, daß er maßgeblich an dem Verbrechen beteiligt gewesen ist, das da bestraft werden soll. Er hat die Größe, seine Heuchelei einzusehen, und Tamar bleibt am Leben.

Diese Tamar erscheint, sie wissen es vielleicht nicht, im Stammbaum Jesu bei Mattäus als eine der Ahnfrauen Jesu, und Jesus hat den Kampf seiner Ahnmutter gegen Heuchelei und Selbstgerechtigkeit weitergeführt. Wie man ihm eine auf frischer Tat ertappte Ehebrecherin vorführt und ihn auffordert, ihrer Steinigung zuzustimmen, antwortet Jesus: Ja, sie hat die Steinigung verdient – er bagatellisiert den Ehebruch nicht – und der von euch, der nie versagt hat, werfe den ersten Stein. Die Rechtsexperten und Schriftgelehrten hatten – es ist erstaunlich – die Größe, ihre Heuchelei einzusehen. Und wie sie alle gegangen sind, hat Jesus zur Frau gesagt: Auch ich verurteile dich nicht. Geh und mache es nicht mehr. Trauer leitet ihn, nicht Aggression, heilen will er, nicht strafen.

An was denken wir Schweizer beim Stichwort: Steinigung von Ehebrecherinnen? Natürlich an den Iran! Das ist naheliegend, aber vergessen wir darüber nicht alle die Frauen, die bei uns durch Selbstgerechtigkeit und Heuchelei geschädigt und manchmal richtig kaputtgemacht werden. Man kann ja jemanden nicht nur mit Steinen, sondern auch mit erbarmungslosem Ausposaunen, mit ungerechten Vorwürfen und mit erfundenen Unterstellungen steinigen und kaputtmachen.

Adam und Eva

Es ist sonst Brauch, im Wort zum Sonntag auf irgendeinen *Mißbrauch* hinzuweisen. Aber heute möchte ich mich zur Abwechslung einmal darüber mit Ihnen freuen, daß ein alter *Mißstand* diesen Sommer wenigstens ein Stück weit behoben worden ist. Es ist an und für sich etwas Selbstverständliches, worüber ich mich freue. Aber Ängste und Hemmungen hindern uns ja gerade oft, das Selbstverständliche zu tun, wie z. B. Mann und Frau gleiche Rechte zu geben.

Vielleicht denken Sie, ich sei als Bibliker schlecht plaziert, mich da zu freuen. Schließlich sei die Bibel doch nicht gerade frauenfreundlich. Schon ganz am Anfang der Bibel, gleich nach dem Sündenfall, wird gesagt: *«Du sehnst dich nach einem Mann, der aber wird über dich herrschen!»*

Die Bibel stellt fest, daß im Alten Orient der Mann tatsächlich über die Frau herrscht und oft tut sie nichts dagegen; das muß man zugeben. Aber eines ist sicher: Für die Bibel ist das eine Folge der Sünde, ein sündiger Zustand. Wie es sein *sollte,* was die *Schöpfungsabsicht* Gottes gewesen ist, das zeigt sie in der Geschichte von der Erschaffung von Mann und Frau: Nachdem Gott den ersten Menschen erschaffen hat, pflanzt er ihm einen Park mit Dattelpalmen und andern Bäumen. Die Pflege dieses Parkes verschaffte dem Menschen eine sinnvolle Aufgabe und einen sicheren Lebensunterhalt. Es ist schon viel, wenn man das hat. Aber Gott stellt fest, daß doch ein Problem bleibt: das des Alleinseins, das der Einsamkeit.

Bei der Lösung dieses Problems geht Gott zuerst recht schüchtern vor, so wie manchmal die Kinder oder die alten Leute, wenn sie einen Ausweg aus dem Alleinsein suchen. Gott besorgt dem Menschen verschiedene Tiere: einen braven, treuen Hund, eine schmeichelhafte Katze, einen vergnügten Kanarienvogel. So ein Tier kann das Alleinsein zwar erträglicher machen, aber nicht die Einsamkeit aufheben. Das hat nicht nur Adam, sondern das haben auch alle jene Leute erfahren, die in ihrem Partner oder ihrer Partnerin meist unbewußt nur eine willige Arbeitskraft oder eine schmeichelhafte Katze gesucht haben.

Um die Not der Einsamkeit zu beheben, nimmt Gott dem schlafenden Menschen einen Teil weg und schafft daraus einen zweiten Menschen. Die Entstehung des einen aus dem andern drückt die tiefe Verwandtschaft aus, die zwischen beiden besteht. Der Mann ist denn auch ganz begeistert, endlich eine ebenbürtige, vollwertige Partnerin gefunden zu haben. Obwohl sie nichts voreinander verbergen, herrschen doch Respekt und Vertrauen zwischen den beiden.

Nachdem wir diese Geschichte, die ja manche Probleme enthält, in einer Übung an der Uni genau angeschaut hatten, hat eine Studentin das Bild, das wir erarbeitet haben, plastisch gestaltet. Der Humor, die Freude, die Begeisterung, die die Geschichte von der Erschaffung von Mann und Frau ausstrahlt, hat sie mit Lust zum Ausdruck gebracht. Die Harmonie, in der beide leben, hat sie durch den Tanz symbolisiert.

Was hat in biblischer Sicht diesen harmonischen Zustand kaputtgemacht? Was hat zum tristen Zustand geführt, in dem der Mann über die Frau herrscht? Die Bibel sieht da an der Wurzel den Willen des Menschen, wie Gott zu sein. «Wie Gott» bedeutet beim Menschen ein Übermaß an Macht und Herrschaft auf der einen und an Unterwerfung auf der andern Seite. In der Abstimmung «Gleiche Rechte für Mann und Frau» ist ein bißchen etwas von dem übertriebenen Herrschaftsanspruch des Mannes abgebaut und etwas vom ursprünglichen Respektsverhältnis wiederhergestellt worden. Damit sind wir der ursprünglichen Schöpfungsabsicht Gottes wieder einen Schritt näher gekommen. Darüber, glaube ich, dürfen wir uns herzlich freuen.

Tiere sind weder Menschen noch Ware

Wenn ich so Reklamen anschaue, dann beeindruckt es mich immer wieder, wieviel Energie investiert wird, «unseren vierbeinigen Freunden», wie es so heißt, «ein ganzes Leben in Schönheit, Widerstandsfähigkeit und Vitalität zu garantieren». Da wird *z. B. «abwechslungsreiches Futter so recht nach Katzengeschmack»* angeboten *«mit 16 Vitaminen und 8 Spurenelementen»*. Es gibt Tiere, die werden wie liebste Menschen verwöhnt. Alle unsere Gefühle und manchmal auch unsere Neurosen projizieren wir auf sie. Andere Tiere behandeln wir brutal, als ob sie empfindungslose Ware wären. Auch nach den bundesrätlichen Verordnungen vom 27. Mai 1981 zum neuen Tierschutzgesetz dürfen wir Mutterschweine immer noch in engsten Käfigen halten und kurz anbinden, so daß sie sich kaum bewegen können und noch viel weniger im Dreck wühlen, wie sie es so gerne machen würden. Kälber dürfen wir weiterhin in Einzelboxen sperren, damit sie möglichst schnell möglichst weißes und schwammiges Fleisch ansezten.

Dabei weiß doch jeder, wie gerne Kälber ein paar Sprünge machen, wie sie das freut, und uns freut es auch, wenn wir sie sehen.

Ich habe jetzt immer und absichtlich gesagt: Wir. Denn wenn einzelne Leute irgendein Tier bis zur Lächerlichkeit vermenschlichen, dann ist das nicht nur ihre Sache, sondern die unserer Gesellschaft, die die zwischenmenschlichen Beziehungen rationiert hat.

Und wenn Hühner und Schweine in stinkende Konzentrationslager gepfercht werden, dann sind wir an diesen Zuständen mitschuldig, denn wir haben unsern Fleischkonsum pro Jahr und pro Kopf seit 1950 von 45 auf 90 kg gesteigert. Irgendwoher müssen die Fleischmassen ja kommen, die wir und unsere Hunde und Katzen fressen.

Vielleicht sagt jetzt der eine und andere, der in eine solche Tierfabrik investiert hat, um wirtschaftlich vorwärts zu kommen – und wer will das nicht –: Was geht das denn den da an und was hat das mit dem Wort zum Sonntag zu tun?

Viel! Der Sonntag ist der Tag, den wir meistens nicht in unseren Werkstätten, Büros und Fabriken verbringen, sondern eher in der Natur draußen, und da erfahren wir – z.B. wenn es uns einmal so richtig verregnet – daß wir nicht nur die Herren der Schöpfung, sondern selber Geschöpfe sind und die Tiere unsere Mitgeschöpfe. Das hat nicht erst Franz von Assisi entdeckt. Das hat schon die Bibel gesehen, wenn sie z.B. vorschreibt: *«Sechs Tage lang darfst du arbeiten, am siebten aber sollst du keinerlei Arbeit tun, weder du selbst, noch deine Untergebenen, noch eines von deinen Tieren»* (5. Mose 5,13–15). Die Haustiere werden hier ganz selbstverständlich als Teil der menschlichen Gesellschaft gesehen, als ihr schwächster Teil. Und die Gerechtigkeit und der Anstand einer Gesellschaft bemessen sich daran, wie gut es ihren schwächsten Mitgliedern geht, nicht daran, wie fett ihre stärksten Mitglieder werden. Darum sagt das Alte Testament: *«Der Anständige kümmert sich um die Bedürfnisse seiner Tiere; die Skrupellosen aber sind grausam»* (Buch der Sprüche 12,10). Solche Grausamkeit, auch wenn wir damit noch so billige Poulets produzieren, machen unsere Welt freudlos und kaputt. Gesunde, zufriedene Tiere auf der Weide aber «stellen uns auf». Sie sind ein Stück Welt, wie Gott sie sich gedacht hat, ein Stück sinnvolle Welt, wo eins mit dem andern verbunden ist. Eine solche Welt war für uns gierige Menschen nie ohne Verzicht, ohne Opfer zu haben, Opfer, wie sie jener Bergbauer leistet, der mir kürzlich gesagt hat, er wolle seine Kälber nicht martern, auch wenn er dabei Geld verliere. Er hat kein sentimentales, aber ein anständiges Verhältnis zu seinen Tieren, und sein Anstand verdient unsere Unterstützung.

Rundschreiben als Antwort auf die Briefe zum «Wort zum Sonntag» vom 25.7.1981

Freiburg, 21.8.1981

Sehr geehrte liebe Briefschreiberin, sehr geehrter lieber Briefschreiber,

auf das «Wort zum Sonntag» vom 25. Juli über unser Verhältnis zum Tier habe ich – für mich etwas überraschend – Dutzende und Dutzende von Briefen erhalten, die z. T. bis 40 Unterschriften trugen. Dieses Interesse für das Thema hat mich natürlich sehr gefreut. Da ich intensiv berufstätig bin, kann ich leider nicht jeden Brief einzeln beantworten. Die meisten Zuschriften (ca. 90%) sind ja auch einfach Dankesschreiben dafür, daß ich, wie es in vielen persönlichen Briefen (und auch in Leserbriefen, die an Zeitungen geschickt wurden) hieß, den Mut hatte, als Theologe dieses heiße Eisen an- und aufzugreifen. Ein einzelner Briefschreiber ging sogar soweit zu bekennen, er hätte schon an den Austritt aus der Kirche gedacht, aus Enttäuschung darüber, daß die Kirche zu diesem Problem so beharrlich schweige. Viele schrieben, ich hätte ihnen aus tiefstem Herzen gesprochen.

Nun hatte ich von Kindheit an immer ein enges Verhältnis zu den geheimnisvollen Mitgeschöpfen der Tierwelt, und Vermenschlichung und Quälerei von Tieren haben mich gleichermaßen geärgert. Der Schutz der Tiere vor unnötiger Quälerei war für mich auch immer selbstverständlich ein moralisches Problem. «Tierquälerei» figurierte früher auch ganz selbstverständlich in jedem Beichtspiegel. Schon das Alte Testament, mit dem ich mich berufsmäßig befasse, hat manche Verbote gegen (damals übliche) Formen der Tierquälerei. Ich habe die entsprechenden Texte in meinem Buch «Das Böcklein in der Milch seiner Mutter und Verwandtes» (1980, Universitätsverlag, Freiburg i. Ü.) gesammelt und gedeutet. Ich verstehe deshalb nicht ganz, wie mir ein Pfarrer schreiben kann, ich hätte «an jenem Samstag versäumt, meine Hörer auf die grüne Weide des göttlichen Wortes zu führen». Die zitierten Worte des Schöpfers zugunsten der Tiere (z.B. 5. Mose 5,14; Buch der Sprüche 12,10) sind ebenso göttliches Wort wie die Gleichnisse Jesu. Die Prediger vernachlässigen im allgemeinen das Alte Testament sehr, obgleich sie doch

alle behaupten, es sei Gottes Wort. Eine stärkere Berücksichtigung des Alten Testaments wäre eine große Bereicherung für die Predigt. Das Neue Testament befaßt sich in Erwartung des umittelbar bevorstehenden Endes gezielt mit der kommenden Welt. Das Alte Testament hingegen beschäftigt sich eingehend mit dem Diesseits, das doch den Hauptteil unserer Energie in Anspruch nimmt (Sexualität, Politik, Gewalt etc.). Eine stärkere Beschäftigung mit dem Diesseits, wie das Alte Testament nahelegt, würde die Predigt nur lebensnaher machen.
Ungerechtfertigt finde ich auch den Vorwurf jenes Invaliden, die Tiere seien mir wichtiger als die Menschen. Sicher tun wir für unsere Mitmenschen nie genug. Aber über das Verhältnis von Mensch zu Mensch, und auch und gerade über das Verhältnis zum Mitmenschen, der von irgendeiner Invalidität betroffen ist, wird doch sehr oft gepredigt. Wenn dann in einer von tausend Predigten einmal auf das Los der Tiere hingewiesen wird, sollte man das nicht als Vernachlässigung der Menschen mißverstehen. Wir sollten ja gleichzeitig Gott, dem Menschen und der ganzen Schöpfung gegenüber offen sein und jedem den Platz geben, der ihm zusteht. Daß auch hier eine gewisse Arbeitsteilung stattzufinden hat, ist klar. Nicht jeder kann jeden Augenblick alles tun.
Und das gilt auch für das, was ein Professor vom «Institut für Tierproduktion» der ETH mir und allen Kritikern des neuen Tierschutzgesetzes vorgeworfen hat, es fehle an Realitätssinn. Ich kann mit ihm einiggehen, daß die bundesrätlichen Verordnungen zum Tier-

schutzgesetz einen Fortschritt darstellen. Sie sind in manchen Punkten besser als das meiste, was es in anderen Ländern gibt. Aber ideal sind sie deswegen nicht. Und damit ist das Gegenwort zu real, Realitätssinn gefallen. Der Mensch hat neben der Fähigkeit, sich auch mit unbefriedigenden Tatsachen (Realitäten) abzufinden, das ebenso wichtige und bedeutende Bedürfnis, die Tatsachen zu ändern, einem von ihm erfühlten, erschauten (ideal kommt vom griechischen Wort für «Sehen»), erdachten Zustand anzupassen. Dieser Idealsinn wird durch den Realitätssinn vieler Leute brutal verletzt. Es ist nicht mein Beruf, die Tatsachen zu rechtfertigen, sondern ein vertretbares Ideal zu propagieren. Vertretbar ist es, wenn ich es ethisch begründe und mit allen Konsequenzen vertrete. Wenn ich vertrete, auch Hühner sollten einigermaßen ihren Bedürfnissen entsprechend leben können (ethisch), muß ich in Kauf nehmen, daß Hühnerfleisch und Eier teurer werden und wir weniger Hühner essen können. In einer Gesellschaft, die an Verfettung leidet und permanent teure Maßnahmen dagegen ergreifen muß, würde das nichts schaden. Und tiergerechte Tierhaltung wäre der Volkspsychohygiene förderlich. Dutzende von Leserbriefen und Telephonaten haben mir gezeigt, wie viele Mitbürgerinnen und Mitbürger durch die heutige Massenhaltung in ihrem Empfinden tief verletzt sind. Wenn Prof. H. Heußer von der ETH meint, mir einseitigen Idealismus vorwerfen zu müssen, dann muß ich ihm seinen beschränkten Realismus vorwerfen. Denn eine Gesellschaft, die wie z.B. die Technokraten im Persien des Schahs nur materielle

Werte (billiges Fleisch) für Realität halten, provoziert leicht eine Woge von ebenso blindem Idealismus. Was wir brauchen, ist ein idealer Realismus oder ein realer Idealismus. Mit ihnen ist vieles möglich, nicht nur die Abschaffung der Sklaverei, die Einführung der AHV oder des Frauenstimmrechts, alles Dinge, die dereinst von den Realisten höhnisch oder erbittert bekämpft wurden. Im Rahmen eines realen Idealismus müssen wir z. B. überall und energisch fordern, daß bei Poulets künftig deklariert wird, ob es sich um Tiere aus Batterie-, Boden- oder Freilandhaltung handelt. Die Produzenten wehren sich sehr dagegen, weil sie genau wissen, daß es viele Leute gibt, die bereit wären, für Freilandhühner mehr zu bezahlen. Der Konsument hat ein Recht zu wissen, was er bezieht, und nicht zum Komplizen von Zuständen gemacht zu werden, die er aus seinem moralischen Empfinden ablehnen muß.
Mit nochmaligem Dank für Ihre Unterstützung, aber auch für Ihr Interesse, das sich in Kritik geäußert hat, grüßt freundlich

Othmar Keel

Gärten wie Friedhöfe

Ich möchte Ihnen ein paar Zeilen aus einem Gebet vorlesen,
das gerade in die jetzige Jahreszeit paßt:
«Du bist der Eine, der alles Seiende geschaffen hat,
und der die Kräuter sprießen läßt, die das Vieh am Leben erhalten,
der hervorbringt, wovon die Fische im Fluß leben
und die Vögel, die den Himmel bevölkern.
Der der, der im Ei ist, Luft gibt;
der erschafft, wovon die Mücke lebt;
und der die Käfer am Leben erhält in jeglichem Holz...
Sei gepriesen, du, der dies alles erschaffen hat!»
(J. Assmann, Ägyptische Hymnen und Gebete, Zürich 1975, S. 203).

Was denken Sie, von wem dieses Gebet formuliert worden ist? Die Sorge Gottes auch für seine kleinsten Geschöpfe erinnert natürlich an Franz von Assisi. Aber das Gebet ist viel älter. Mit ihm haben zweieinhalb Tausend Jahre vor Franz von Assisi die alten Ägypter ihre Bewunderung für das Geheimnis der Schöpfung zum Ausdruck gebracht. Die bunte Vielfalt der Schöpfungswerke haben die Ägypter ja häufig auch in ihrer Kunst gefeiert, wie z.B. die Grabmalerei von *Abb. 30* mit ihrer liebevollen Schilderung des Vogellebens in den Sümpfen zeigt. Die Naturbeobachtung ist so genau, daß man einzelne Arten, wie z.B. den Kibitz rechts unten, deutlich erkennen kann.

30. Die für das alte Ägypten typische, liebevoll detaillierte Schilderung der Natur ist aus der Verehrung der lebenspendenden Kraft des Sonnengottes entstanden und hat u.a. in den Psalm 104 Eingang gefunden. (Wandmalerei aus Oberägypten, um 1450 v. Chr.)

Die alten Israeliten (denen wir unsere Heilige Schrift verdanken) haben sich von dieser Begeisterung manchmal anstecken lassen. So lesen wir z.B. im Psalm 104: «Du bist es, der Quellen in die Bachtäler fließen läßt ... Sie tränken die wilden Tiere des Feldes, über ihnen nisten die Vögel der Luft. Zwischen den Zweigen stimmen sie ihr Lied an. Die hohen Gebirge sind für die Steinböcke da, der Schlupfwinkel der Klippdachse (sie sehen wie Murmeltiere aus) ist das Felsgestein.» Wenn man auf das Thema: «Umwelt und Bibel», «Wort Gottes und Umwelt» kommt, dann fällt den Beteiligten meistens nichts ein als das berühmte «Macht euch die Erde untertan!» Aber es gibt in der Bibel noch viele andere Sätze zu diesem Thema, wie der von den Bergen, die den Steinböcken und nicht den Sesselliften gehören. Wenn wir alle diese Sätze zusammennehmen, dann sehen wir, daß die Bibel ein «Herrschen» im Sinne hat, das das Schöpfungswerk Gottes weiterführt und nicht zerstört. Im Kampf ums tägliche Brot oder sagen wir es richtiger, im Kampf um mehr Vergnügen und mehr Prestige zerstören wir, oft ohne es zu merken, wichtige Elemente der Schöpfung. Ich möchte da als Beispiel unsere Wiesen anführen. Leute, die 40 und darüber sind, erinnern sich wahrscheinlich noch, wie früher die Wiesen voller Blumen, voller Schmetterlinge und Käfer waren. Diese Wiesen sind heute im Mittelland fast ganz verschwunden.

Ich weiß, die Bauern müssen schauen, wie sie zu Futter für ihr Vieh kommen. Aber in unseren Gärten könnten wir doch den Mager- und Naturwiesen, die vom Aussterben bedroht sind, ein bißchen Heimatrecht gewähren. In diesen Gärten aber herrschen Tuja, Bodenbedecker und Rasen. Das ist sauber, feierlich und vornehm wie der Tod, und diese Gärten sehen denn auch alle wie Friedhöfe aus.

Der Gott der Bibel ist ein Gott des Lebens, ein Gott der Vielfalt. Doch in uns lebt ein unheimlicher, sündiger Drang zum Tod. Wir ertragen das Leben nicht. Auf Photos, in Kalendern finden wir Löwenzahn, Margriten und Skabiosen vielleicht noch ganz hübsch. Aber in unseren Gärten reißen wir sie aus oder vergiften sie. Ganz ähnlich ist es mit den Kindern. Auf Photos finden wir sie nett. Wo sie aber lebendig da sind, schreien und rennen, da schränken wir ihren Lebensraum ein, wo wir nur können. Woher rührt es eigentlich, daß wir uns mit dem wirklichen Leben so schwer versöhnen? Gott ist ein Gott des Lebens.

Bodenrecht und -unrecht

Ich bin in Einsiedeln am Sihlsee hinten aufgewachsen, und als Buben haben wir manchen Tag damit zugebracht, am Seeufer «umä z'striälä», Schwemmholz zu sammeln, Bächlein zu stauen oder einfach Steine ins Wasser zu werfen. In den Fünfziger-Jahren sind Leute gekommen und haben angefangen, am Seeufer Ferienhäuslein aufzustellen, Gartenzäune bis ins Wasser hineinzuziehen und uns Buben ist von unserm Seeufer nur noch eine kleine Badeanstalt geblieben, wo man außer Eintritt zu zahlen fast nichts machen konnte und durfte. Hinter der ersten Reihe von Häuschen haben dann Spekulanten Dutzende von weiteren Häuschen aufgestellt. Während so ein kleiner Teil der Schweizer zu Zweit- und Drittwohnungen gekommen ist, ist ein anderer Teil zu Mietern geworden. Während 1950 noch über 40% der Schweizer in ihren eigenen vier Wänden Herr und Meister waren, sind es heute noch ganze 28%, und es wird nicht mehr lange dauern, bis drei Viertel aller Einwohner der Schweiz Mieter sind. Und das heißt: Man liefert ein Leben lang einen Viertel seines Lohnes einem meist anonymen Zinsherrn ab und hat am Schluß seinen Kindern nichts zu vererben, und man ist ein Leben lang einer Hausordnung unterworfen, in der es wie z.B. im Normmietvertrag des Hauseigentümerverbandes des Kantons Aargau u.a. heißt: «Alles unpassende Betragen, Türen zuschlagen, Klopfen, Tanzen, lautes Einstellen von Lautsprechern... ist verboten. Das Halten von Haus- und andern Tieren ist untersagt; das Benützen gemeinsamer Hausteile als Abstellräume für Fahrräder und Kinderwagen ist untersagt. Kindern ist das Lärmen und Spielen im Haus zu verbieten» usw.

Ich weiß, daß an diesen Verhältnissen im Wohn- und Bodensektor auch unser expansives Raumbedürfnis – bald muß jeder Primarschüler eine eigene Wohnung haben –, unser totales Sicherheitsbedürfnis – die Versicherungen müssen Immobilien kaufen –, die Verstädterung und die vielen Ehescheidungen u.a. mitschuldig sind.

Aber es gibt Mißstände in diesem Bereich, die ganz einfach auf ein zügelloses und skrupelloses Spekulantentum zurückgehen. Und darum hat mir der Prophet Jesaja schon früh aus dem Herzen geredet, wenn er sagt:

«Weh denen, die Haus an Haus reihen und Feld an Feld fügen, bis kein Raum mehr da ist und sie noch allein als freie Bürger inmitten des Landes ansäßig sind!» (Jes. 5,8).

Die «Stadt-Land-Initiative gegen die Bodenspekulation», die letztes Jahr gestartet worden ist, will diesem Spekulantentum einen Riegel schieben. Vor allem aber zwingt sie über diese Probleme nachzudenken, statt unsern Frust einfach am erstbesten Mieter abzureagieren. Ich fürchte allerdings, daß, wenn sie zustandekommt, sofort ein irrsinniger Propagandakrieg gegen sie entfesselt werden wird, um dieses Nachdenken zu verhindern. Nach dem Muster des Diebs, der ruft: Haltet den Dieb!, werden unsere finanzstarken, meist anonymen Zins- und Bodenvögte rufen: Wehret dem eidgenössischen Bodenvogt!

Und mir wird man wieder einmal vorwerfen, ich mißbrauche das Wort zum Sonntag zu politischen Zwekken. Aber ich fühle mich nicht betroffen. Ich mache genau das, zu was ich mich verpflichtet habe. Ich kommentiere das eine und andere Tagesgeschehen im Licht der Bibel. Und die Bibel ist in Sachen Bodenrecht noch viel strenger als die Stadt-Land-Initiative gegen Bodenspekulation. Und sie begründet diese Strenge auch, wenn sie im Dritten Buch Mose sagt: *«So spricht der Herr: Boden darf nicht endgültig verkauft werden, denn der Boden gehört mir, denn ihr (die Menschen) seid nur Gäste und Mieter bei mir!» (25,23)*. Die Bibel kennt sogar einen Märtyrer für dieses Bodenrecht (1 Könige 21), den Nabot aus Jesreel. Er wollte dem König einen Weinberg, den dieser partout wollte, aufgrund dieses Gesetzes nicht verkaufen. Der König hat ihn durch einen Justizmord beseitigen lassen.
Man wird in der Schweiz Gott sei Dank nicht zum Märtyrer, wenn man im Wort zum Sonntag daran erinnert, was in der Bibel steht. Aber man muß von dieser Freiheit Gebrauch machen, sonst geht sie verloren.

Rundschreiben als Antwort auf die Briefe zum «Wort zum Sonntag» vom 23.1.1983

Freiburg, 21.2.1983

Sehr geehrte Briefschreiber,
sehr geehrte Briefschreiberin,

Sie haben mir wegen meines «Worts zum Sonntag» vom 22.1.1983 geschrieben. Entschuldigen Sie bitte, daß ich Ihnen in dieser unpersönlichen Form antworte, aber da ich intensiv berufstätig bin, keine Sekretärin zur Verfügung habe und demnächst für drei Wochen für Vorlesunen nach Jerusalem fahre, ist es mir leider unmöglich, auf die 116 Briefe, die ich bis jetzt erhalten habe, persönlich zu antworten. Von den 116 Briefen waren 98 positiv (einzelne mit kleinen Einschränkungen) und 18 negativ (einzelne ebenfalls mit kleinen Einschränkungen).[1]

Ich kann Ihnen versichern, daß ich mir die Argumente jeder negativen Zuschrift überlegt habe und daß ich für jede positive dankbar war und bin. Denn wenn man auch nicht besonders empfindlich ist, so tut es einem, wenn man öffentlich angeschossen wird, doch gut, ein paar Leute oder sogar die Mehrheit des Schweizervolkes, wie ein Brief versicherte, hinter sich zu wissen. Ob Mehrheit oder nicht, jedenfalls war die Meldung der Depeschenagentur, ich hätte auch positive Zuschriften bekommen, so als ob die Mehrheit negativ gewesen wäre, nicht zutreffend.

Die positiven Zuschriften betonen fast alle den Mut, den es brauche, ein so heißes Eisen anzufassen, ganz einfache, allgemein bekannte Tatsachen direkt auszusprechen und die Probleme bei ihrem Namen zu nennen.
Der Radio- und Fernsehspiegel vom 19.–25.1.83 war da anderer Meinung. Er behauptet, wie dann auch der Hauseigentümerverband, ich hätte die Tatsachen falsch dargestellt. Ich habe von 20–30 Lohn-, bzw. Einkommensprozenten gesprochen, die man für die Miete auslegt. Der Radio- und Fernsehspiegel weiß, daß das statistische Mittel nur 10–13% beträgt und redet deshalb kurzerhand von einem «Keelschen Zahlensalat». Der ganze Salat besteht allerdings nur aus diesem einen Blatt. Eine magere Wirtschaft! Wie bin ich zu meiner statistisch falschen Angabe gekommen? Ich habe mich bei einigen Blockmietern erkundigt und mich an die Faustregel erinnert, die man mir gab, als ich eine Wohnung suchte. Diese hieß: 20–25% vom Lohn müsse man für die Miete rechnen. Das Gesamtniveau wird durch die vielen älteren Leute gedrückt, die preisgünstige Altwohnungen bewohnen. Was meine 20–30% vom Einkommen betrifft, so bin ich offensichtlich auf die am stärksten betroffene Mieterschicht gestoßen. Diese muß mich als Bibliker ohnehin auch am meisten interessieren.
Von diesen Prozentangaben abgesehen haben die Wirtschaftsfachleute an den von mir genannten Zahlen und Fakten nicht rütteln können. Nur in der letzten Aus-

gabe des «Hauseigentümers» (15.2.) tut die Redaktion so, als ob Privateigentümer keine anonymen Zinsherren sein könnten. Das können sie aber durchaus, wenn sie sich hinter einer Häuserverwaltung verschanzen, wie das gerade in Freiburg regelmäßig der Fall ist.

Der Gott der kleinen Leute

Eine bald 80jährige Frau hat denn auch im Namen aller «Kleinen» gedankt. Ein Zimmermann schreibt, ich hätte da die richtigen Worte gefunden, wo er sie so schwer finde. Und eine hohe Magistratin bemerkt: «Es ist ja so traurig, daß die Mietermehrheit sich von der Propaganda der Hauseigentümer-Macht zu oft einlullen läßt und gegen ihre eigenen Interessen zu stimmen pflegt.» Von vielen Schreibern und Schreiberinnen wird es als beschämend empfunden, daß sich die Kirche zu wenig im Dienst dieser Leute engagiert. Ein Hausbesitzer, der sich als weder links noch rechts gelagert bezeichnet, bemerkt dazu: «Ein Theologe, der nicht im luftleeren Raum schwebt, der in der Lage ist und vor allem den Mut hat, biblische Lehren auf die gegenwärtigen Probleme der Menschen zu beziehen, findet sich so selten, daß man kaum seinen Ohren traut (wenn man einen hört). Prediger achten mehrheitlich peinlichst darauf, ihre Botschaft so abstrakt abzufassen, daß aktuelle Gesellschaftsfragen nicht beim Namen genannt werden. Man liefe sonst Gefahr, ins Schußfeld irgendeiner Interessengemeinschaft zu geraten.» Das tut man tatsächlich. Aber so ganz allein stehe ich doch auch wieder nicht auf der theologischen Flur.

Die evangelisch-reformierte Monatszeitung «Saemann» hat in ihrer Februarnummer ebenfalls unter einem Prophetenmotto (Micha 2) unter dem Titel «Verletztes Menschenrecht – in der Schweiz» ausgezeichnet und mutig von Wohnungsnot und gegen Bodenspekulation geschrieben (zu bestellen bei Drukkerei Willy Dürrenmatt AG, Länggaßstr. 65, 3012 Bern), und zwei Pfarrer haben mir energische Predigten geschickt, die sich auf die gleichen Texte beziehen, die ich zitiert, bzw. erwähnt habe. Dies ist um so dringender, als am gleichen Tag (22.1.83), an dem mein Wort zum Sonntag ausgestrahlt wurde, in der Zeitung «Der Bund» ein Interview mit Dr. H. Feldmann, dem Präsidenten des Schweizerischen Hauseigentümerverbandes, erschienen ist, in dem dieser bestreitet, daß Grundstück- und Liegenschaftshandel irgend etwas mit Moral zu tun habe. So als ob nur Wucher mit Brot und Milch, aber nicht mit Wohnraum möglich wäre. Damit ist der folgende Punkt eigentlich bereits geklärt, denn daß Kirche und Moral etwas miteinander zu tun haben, wird niemand bestreiten wollen.

Kirche und Politik

Von meinen Kritikern haben einige geschrieben, ein Pfarrer, Seelsorger und Geistlicher sollte sich nicht in weltliche Dinge einmischen, sondern dem Seelenfrieden dienen. Ich bin weder Pater, noch Pfarrer, noch Seelsorger, noch Geistlicher. Ich bin nicht ordiniert, also in diesem Sinne Laie, verheiratet, Vater von zwei

Kindern. Ich bin Professor an der Theologischen Fakultät in Freiburg und doziere Hebräisch und Altes Testament. Nach katholischer und evangelischer Auffassung ist das Alte Testament ebenso Heilige Schrift wie das Neue, und das Alte Testament mischt sich sehr kräftig in irdische Dinge ein. Der Bibel als ganzes ist ein gerechtes Diesseits ebenso wichtig wie der Seelenfrieden hier oder im Jenseits. Und bei diesem Ringen um ein gerechtes Diesseits steht die Bibel konsequent und konkret auf der Seite der Schwächeren. Da und nicht irgendwo in der Luft oder im luftleeren Raum über den Parteien hat der Theologe zu stehen. Das heißt noch lange nicht, daß er sich parteipolitisch engagieren soll. Aber das ändert nichts daran, daß sich die jeweils zur Zeit Mächtigen (bei uns die sogenannten Rechten, im Osten die sogenannten Linken) durch eine solche Position gefährdet sehen.

Die Kritik der Neuen Zürcher Zeitung

So scheint mein Wort zum Sonntag der «Neuen Zürcher Zeitung» (NZZ) und besonders ihrem Inland-Chefredaktor Dr. Kurt Müller keine Ruhe zu lassen. In «seiner» Zeitung bin ich innerhalb eines Monats fünfmal gemaßregelt worden. Einmal durfte ich etwas dazu sagen. Auf meine Bitte, ein zweitesmal etwas sagen zu dürfen, antwortete mir Herr Dr. Müller, er könne mir nicht «ein *permanentes* Recht zur Stellungnahme einräumen!» Wenn man weiß, wie meinungsbildend die NZZ in der Schweiz ist, kann einem seine Klage über den Mißbrauch der Fernsehkamera zu politischen

Zwecken (NZZ vom 26.1.83) nicht so recht zu Herzen gehen, zumal er den Vorwurf des *Miß*brauchs recht freihändig konstruiert hat. Was die biblischen Elemente meiner Kurzansprache betrifft, so hat er sie ganz einfach unterschlagen. In meiner einzigen Stellungnahme, die in der NZZ abgedruckt wurde (31.1.83), durfte ich darauf hinweisen. Was meine Aussagen zur Wohnsituation betrifft, so hat er mir eine Reihe von Dingen unterschoben, die ich nicht gesagt habe. Es tut mir leid, wenn ich hier ein bißchen ins Detail gehen muß. Aber nachdem meine fünfminütige Bußpredigt zu einem politischen Manifest und einer *Darstellung* der Wohnsituation in der Schweiz hochstilisiert worden ist, ist das unumgänglich. Ich greife die wichtigsten Punkte von Dr. Müllers Kritik heraus.

1. Mein Standpunkt sei voll Ressentiments gegenüber den Vermietern und Hauseigentümern, die ich als Zins- und Bodenvögte bezeichne. Das ist nicht wahr. Ich habe die Vermieter und Hauseigentümer nicht als Zins- und Bodenvögte bezeichnet. Ich habe gesagt, daß wenn eine Abstimmung über die Stadt-Land-Initiative gegen Bodenspekulation zustande käme, die Zins- und Bodenvögte rufen werden: Wehret dem eidgenössichen Bodenvogt! Preisvogt, Schulvogt und ähnliche Bildungen werden von jenen Kreisen in Abstimmungskämpfe eingeführt, die ihre eigenen Machtpositionen durch eidgenössische Regelungen gefährdet sehen. Ich habe den Spieß für einmal umgekehrt. Unter Zins- und Bodenvögten können vernünftigerweise nur jene verstanden werden, die im Bereich von Zins und Boden Machtpositionen voll ausnützen und

längst nicht jeder Haus- und Landbesitzer, wie Dr. Müller das weismachen will.
Was die Ressentiments betrifft, so finde ich es an und für sich normal, daß jemand, der auf den Kopf gehauen worden ist, Ressentiments hat. Es käme den Privilegierten gelegen, wenn die Kirchen ihre Hauptaufgabe darin sähen, denen, die von diesen Privilegierten auf den Kopf gekriegt haben, ihre Ressentiments auszureden. In diesem Sinne können die Kirchen nicht genug politisch tätig sein und das sind sie auch häufig genug gewesen und sind es heute noch. Es ist aber reine Willkür, sie darauf zu beschränken zu wollen. Es ist mindestens ebensosehr ihre Pflicht, die Ressentiments denen anzulasten, die sie verursachen und nicht denen, die darunter leiden. Wenn ich Ressentiments auch nicht generell so negativ sehe wie Dr. Müller, so habe ich persönlich in diesem Falle doch keine.
2. Dr. Müller behauptet, ich hätte durch das Zitat der einengenden Bestimmungen aus einem Normalmietvertrag den Eindruck erweckt, daß es sich dabei um eine Art Schikane gegenüber dem Mieter handle. Das ist reine Eintragung. Es ging ganz einfach darum zu illustrieren, unter welch einengenden Bestimmungen heute 72% der Schweizerinnen und Schweizer leben.
3. Dr. Müller erhebt ohne jede Begründung den Hinweis auf die Stadt-Land-Initiative zum Kernsatz meiner Kurzansprache. Nach allen Regeln der Rhetorik ist der Kernsatz das Zitat aus 3. Mose 25,23: «So spricht der Herr: Boden darf nicht endgültig verkauft werden, denn der Boden gehört mir, denn ihr seid nur Gäste und Beisaßen bei mir!» Der Satz richtet sich gegen

menschlichen Besitzstolz und will diesen nicht nur auf dem geheimsten Grunde des Herzens treffen. Für die konkrete Anwendung habe ich mit keinem Wort die Annahme der Stadt-Land-Initiative, sondern eine breite Diskussion gefordert.

4. Dr. Müller greift sich an den Kopf und stellt fest, von der irrsinnigen Propagandamaschinerie, von der ich gesprochen habe, sei nichts zu spüren. Ich habe nicht gesagt, es laufe jetzt (Januar 83) eine irrsinnige Propagandamaschinerie. Ich habe deutlich gesagt, wenn die Initiative überhaupt zustande komme (frühestens im Mai 83), werde diese Maschinerie losgehen. Sie ist nun aber, wie jeder sehen kann, bereits losgegangen.

Die Folgen des Kommentars in der NZZ

Fast die Hälfte der negativen, persönlich an mich gerichteten Zuschriften berufen sich auf diese verzerrte Darstellung in der NZZ. Eine besteht einfach in diesem Artikel und daneben steht kurz und kräftig: «Dieser 'Pfarrer' sollte sich schämen! Kurz, ein roter Hund!» Vier meiner schärfsten Kritiker schreiben, sie hätten das Wort zum Sonntag nicht gesehen, aber es werde schon stimmen, wenn es so in der NZZ stehe! Der Schweiz. Hauseigentümerverband hat in seiner Ausgabe vom 1.2.83 den Kommentar von Dr. Müller ohne Gegendarstellung abgedruckt. Zusätzlich verbreitete der Hauseigentümerverband noch die Kurzfassung eines an mich gerichteten Briefes in der

Schweizer Presse. Darin steht u.a. die haltlose, von Dr. Müller lancierte Behauptung, ich hätte *alle* Grund- und Hauseigentümer verunglimpft. Wenn der Hauseigentümerverband auf das Stichwort «zügelloses Spekulantentum» so scharf anspricht, verunglimpft *er* alle seine Mitglieder, indem er suggeriert, es handle sich hier um einen Verband von zügellosen Spekulanten.

In der gleichen Nummer der NZZ, in der diese verzerrende Darstellung des Hauseigentümerverbandes erschienen ist (5./6.2.83), wurde auch gemeldet, es sei eine Aufsichtsbeschwerde gegen mich beim Departement Schlumpf eingegangen. Daß diese erste Beschwerde nicht entgegengenommen werden konnte, weil sie nicht richtig begründet war, wurde verschwiegen.

Der Hauseigentümerverband hat dann in seiner Verbandszeitung vom 15.2. seinen vollständigen kritischen Brief an mich samt meiner Entgegnung abgedruckt. In einer zusätzlichen langen Anmerkung der Redaktion wird u.a. noch darauf hingewiesen, daß die Päpste in verschiedenen Sozialenzykliken das Privateigentum verteidigt hätten. Ich habe seine Berechtigung nie grundsätzlich bestritten. Auch die Stadt-Land-Initiative tut es nicht. Indem der «Hauseigentümer» da offene Türen einrennt, tut er so, als ob sie geschlossen wären.

Und da das Denken der Leute vom Zentralsekretariat des Hauseigentümerverbandes ganz straff in die Zwangsjacke «Wer nicht für die total freie Marktwirtschaft ist, ist ein Kommunist» («ein roter Hund») eingebunden ist, kann es nicht ausbleiben, daß ich am

Schluß noch mit Marx und Lenin in einen Topf geworfen werde. Und das, weil ich feststelle, daß sich die Macht in der Schweiz in den Händen von immer weniger Leuten und Institutionen (!) konzentriere. Seit 1950 sind die Wohnungsbesitzer von 40% auf 28% zusammengeschrumpft. Es wäre auch auf das Lädelisterben hinzuweisen. Meine Zielvorstellung ist der alttestamentlichen nachempfunden: Möglichst viele unabhängige Menschen. Der Vorwurf kommunistischer Tendenzen im Sinne von Marx und Lenin ist absurd.

Auf den entscheidenden Punkt kommt der Hauseigentümerverband, bzw. kommen seine Funktionäre dort, wo sie vermerken, es gehe aus der Bibel nirgends hervor, wie viele Häuser jemand besitzen dürfe. Tatsächlich, von Häusern steht nichts. Aber es steht: «Wer zwei Untergewänder (Hemden) hat, gebe eines dem, der keines hat!» (Lukas 3,11). Diese Botschaft trifft fast jeden Schweizer und jede Schweizerin. Aber sie trifft diejenigen, die mehr für sich beanspruchen härter als jene, die mit weniger zufrieden sind. Wir können an dieser Botschaft, die die logische Konsequenz der biblischen Gottesvorstellung ist, so lange herummanipulieren, bis sie ihren Geist aufgibt, z.B. mit dem Einwand, sie sage nicht, wie viele Häuser noch christlich seien. Wir können sie rundweg als gleichmacherisch oder weltfremd oder irrelevant ablehnen. Wir können aber nicht dem, der sie schlicht und einfach ausrichtet, sagen, er mißbrauche sein Amt, das ja laut Definition darin besteht, diese Botschaft auszurichten. Wenn man diese Botschaft nicht mehr

hören will oder nur in ganz verdünnter und verwässerter Form, dann soll man doch den Mut haben, es zu sagen und nicht den einfältigen Glauben pflegen, das Kunststück, Gott und dem Mammon zu dienen, sei möglich. Natürlich ist jeder immer wieder einmal versucht, es zu probieren. Aber es ist nicht die Aufgabe des Theologen, diesen Aberglauben zu fördern. Schon eher soll er ein tiefgreifendes «Herr, erbarme dich unser!» provozieren. Das kann ihn und alle nicht auf eine vorschnelle, aber auf eine letztliche Versöhnlichkeit vorbereiten.
Es wäre noch vieles zu sagen, aber das Schreiben ist schon zu lang. Ich will nur noch einen letzten Punkt aufgreifen. Einige meiner Kritiker meinten, ich sollte mit meiner Kritik lieber bei innerkirchlichen Mißständen anfangen. Man hat mich an den Fall Pfürtner, den Fall Küng und die Macht und den Reichtum der römischen Kurie erinnert. Ich habe mich seinerzeit energisch für Prof. Pfürtner eingesetzt und für Prof. Küng habe ich an einer Demonstration vor der Hofkirche in Luzern eine Rede gehalten. Gegen die Arroganz des römischen Zentralismus habe ich im Wort zum Sonntag vom 23.1.82 Stellung bezogen. Sicher gäbe es noch viele andere innerkirchliche Themen. Aber das Fernsehen wendet sich ja ans Schweizervolk und nicht an eine konfessionelle Gemeinde. So ziehe ich in der Regel Themen von allgemeinem Interesse vor.
Entschuldigen Sie bitte noch einmal, wenn ich auf weitere Anregungen, Fragen und Vorwürfe nicht eingehen konnte. Aber das Wort zum Sonntag ist für mich nur eine kleine Nebenbeschäftigung und ich kann

mich nicht auf diese eine Pflicht beschränken, sondern muß auch die andern wahrnehmen.
Mit nochmaligem herzlichem Dank für Ihr Interesse grüßt mit allen guten Wünschen freundlich

Othmar Keel

[1]In der Folgezeit ist diese Zahl auf über 200 gestiegen, wobei fast nur noch Sympathiebriefe gekommen sind. Beschwerden gegen Mißbrauch werden von der Beschwerdekommission Radio/Fernsehen (O. Reck) am 22. Januar 1983 abgelehnt. Othmar Keel bleibt weiterhin Wort-zum-Sonntag-Sprecher.

Statt eines Nachwortes:

Ein innerkirchliches Problem

Sie wohnen in Freiburg, der einzigen Stadt der Schweiz, in der es eine katholische Universität gibt. Die Schweizer Bischöfe haben den ersten Adventssonntag zum Universitätssonntag erklärt. Die beiden Tatsachen rechtfertigen es, Ihnen heute einwenig von dieser Universität, genauer von ihrer Theologischen Fakultät zu erzählen. Es ist der Teil der Universität, in dem ich mich am besten auskenne, weil ich da tätig bin. Ich möchte nicht eine Propagandarede halten, wie man das Fremden gegenüber tut. Ich möchte Sie ganz einfach einen kleinen Blick tun lassen, in das, was an so einer Fakultät etwa gearbeitet wird, einen Blick auch in die Probleme, die sich ihr so stellen. Probleme bringen uns Menschen menschlich näher als Glanzleistungen.

Die Theologische Fakultät, die 1890 gegründet worden ist, umfaßt 24 Professoren, die ungefähr zur Hälfte deutsch-, zur Hälfte französischsprachig unterrichten, und etwas mehr Lehrbeauftragte, d.h. teilzeitliche Professoren und Assistenten. Zur Zeit studieren an der Fakultät etwas über 450 Studentinnen und Studenten. Die Hauptarbeit, die die Fakultät leistet, besteht in der Ausbildung von Theologen, d.h. von Priestern, Pastoralassistentinnen und -assistenten, von Religionslehrern und andern Berufsleuten, die sich für ihre Arbeit in der Theologie auskennen müssen.

Neben dem Auftrag zu lehren, hat auch jeder Professor

den Auftrag zu forschen. Vielleicht fragen sie sich: Was gibt es denn da in der Theologie zu forschen? In den Naturwissenschaften ja, da kann man z.B. die Natur gewisser Krankheiten noch besser ergründen, um sie wirksamer bekämpfen zu können. Aber bei der Religion, beim Glauben, da geht es eben um Glauben. Es steht ja in der Bibel, so bekommt man in diesem Zusammenhang immer wieder zu hören: «Wenn ihr nicht werdet wie die Kinder ...» Die Kinder stehen in diesem berühmten Satz für verschiedene Haltungen und Eigenschaften als Vorbilder da, ganz sicher aber nicht für ihre noch beschränkte Denkfähigkeit. Das Mißverständnis ist allerdings alt. Schon der Apostel Paulus hat sich dagegen wehren müssen. Im 1. Korintherbrief sagt er: *«Brüder werdet nicht Kinder im Denken. Im Bösen seid unmündig, im Denken aber werdet vollkommen!»* (14,20). Und er spricht diese Mahnung im Hinblick auf Leute in der Gemeinde von Korinth aus, die im Gottesdienst wie Kinder gedankenlos vor sich hinplaudern.

Aber vielleicht beharren sie auf ihrem Standpunkt und sagen: So habe ich das nicht gemeint. Natürlich soll man über Glaubenswahrheiten nachdenken. Jeder einzelne kann und muß sie sich besser aneignen. Aber Forschung kann man das nicht nennen, denn es handelt sich, Gott sei Dank, um ewige unveränderliche Wahrheiten, und das Resultat unseres Nachdenkens steht so immer schon fest.

Aber wer so denkt und redet, übersieht ein grundlegendes Problem. Diese an und für sich ewigen Wahrheiten sind in menschlichen Worten, in menschlichen

Bildern auf uns gekommen. Diese Bilder und Worte sind wie alles Menschliche zeitbedingt und vergänglich. Was menschlich-veränderlich und was ewig, was der göttliche Impuls und was der zeitbedingte Träger, was der dauernde Sinn und was die auswechselbaren Gefäße, was der bleibende Auftrag und was die sich ändernden Vorschriften sind, das ist oft schwer zu entscheiden.

Letztlich entscheiden darüber die Bischöfe und der Papst, das kirchliche Lehramt. Aber es sind meistens die Theologen, die von außen gedrängt, von der Jugend, mit der sie berufsmäßig zu tun haben, und von ihren Studien und Forschungen gedrängt, ihrerseits das kirchliche Lehramt zu neuen Entscheidungen drängen. Ich will das an einem Beispiel erläutern.

Mindestens 2500 Jahre haben die Synagoge, haben die Juden und seit es sie gibt auch die Kirche, die Christen, geglaubt, die Erzählung von Adam und Eva sei geschichtlich-historisch, sei wörtlich zu verstehen.

Nun kamen bei den ersten Ausgrabungen, die im letzten Jahrhundert in den Trümmerhügeln der biblischen Länder des Nahen Ostens, in Ninive, in Assur und an anderen Orten, durchgeführt wurden, Erzählungen zutage, die älter sind als die biblischen Erzählungen, und die ähnliche Schöpfungsgeschichten enthalten wie die Bibel. Bei diesen Geschichten ging es ganz deutlich darum, zu erklären, warum die Welt so funktioniert, wie sie funktioniert. Es ging ihnen offensichtlich nicht darum, vergangene Begebenheiten zu rapportieren, sondern durch erfundene Begebenheiten der Vergangenheit die Gegenwart darzustellen und zu deuten,

z.B. die Vergänglichkeit und Hinfälligkeit des Menschen und seine Neigung zum Bösen. Ein alter babylonischer Mythus erklärt diese dadurch, daß der Mensch aus Lehm und dem Blut eines bösen, dämonischen Gottes gebildet worden sei.
Solche und viele ähnliche Geschichten brachten die Bibelwissenschafter, die bei der Entzifferung dieser alten Texte beteiligt waren, auf die Idee, die biblischen Geschichten seien auch auf ähnliche Weise symbolisch und nicht im bisherigen Sinne geschichtlich zu verstehen, die Erschaffung der Welt in sechs Tagen z.B. als Begründung für den alle sieben Tage eingehaltenen Ruhetag; die Bildung der Frau aus einem Teil des Mannes als Darstellung dafür, daß Mann und Frau bei aller Verschiedenheit einander zutiefst verwandt sind. Bestärkt wurden diese Bibelwissenschafter in ihrem neuen Verständnis durch naturwissenschaftliche Entdeckungen. Der Engländer Charles Robert Darwin, der von 1831–1836 auf einer Weltumseglung unzählige Tierarten studiert hatte, stellte 1859 in einem Buch mit dem Titel «Über den Ursprung der Arten» die Theorie auf, die verschiedenen Tierarten hätten sich aus primitiven Anfängen zu höheren Arten entwickelt, und in einem weiteren Buch mit dem Titel «Die Abstammung des Menschen», das 1871 erschienen ist, schloß Darwin den Menschen in diese Kette ein. Unsere Kinder lernen das heute schon in der Primarschule.
Von solchen neuen archäologischen Entdeckungen, von solchen neuen naturwissenschaftlichen Erkenntnissen gedrängt, begannen Bibelwissenschafter zu lehren, man müsse die biblischen Erzählungen von der

Entstehung des Menschen nicht geschichtlich sondern symbolisch verstehen. Natürlich gab das Unruhe unter den Gläubigen. Die Bischöfe und der Papst, die für die recht Ordnung in der Gemeinde verantwortlich sind, stellten die Ruhe auf etwas oberflächliche Art wieder her.

Am 30. Juni 1909 stellte die Päpstliche Bibelkommission fest, die Erschaffung des ersten Menschen direkt von Gott, die Bildung der ersten Frau aus dem ersten Mann und andere Einzelheiten der Geschichte von Adam und Eva hätten wörtlich als geschichtliche Wahrheiten zu gelten und gehörten als solche zu den Fundamenten des christlichen Glaubens.

Den Bibelwissenschaftern, die durch ihre Forschungen zu anderen Ansichten gekommen waren, verbot man diese zu lehren. Zu diesen gehörte mein damaliger Vorgänger hier in Freiburg, P. Vinzenz Zapletal. Wer sich in seinem Gewissen verpflichtet fühlte, das zu lehren, was er nach sorgfältiger Prüfung als wahr erkannt hatte, wurde seines Postens enthoben. Erst 1943 erlaubte das päpstliche Rundschreiben «Divino afflante spiritu» den katholischen Exegeten, die Entdeckungen, die im vorigen Jahrhundert gemacht worden waren, auch zu lehren.

Aus dem Bereich der Moral wären ähnliche Fälle zu nennen. Die Lehre von der Gewissensfreiheit hat man während Jahrhunderten als eine Erfindung des Teufels abgetan. Erst das 2. Vatikanische Konzil hat ihre Richtigkeit anerkannt.

Auch im Bereich der kirchlichen Praxis mangelt es nicht an einschlägigen Beispielen. Ich erinnere mich an einen Fall aus meiner Jugendzeit, als ein Mann in einer Nachbargemeinde sich das Leben nahm und der Pfarrer – der damaligen kirchlichen Praxis entsprechend – trotz inständigen Bittens der Kinder des Toten sich weigerte, ihn kirchlich zu beerdigen. Inzwischen haben uns Medizin und Psychologie gelehrt, daß die meisten Menschen, die sich selber töten, dies unter einem krankhaften Zwang tun, und heute beerdigt man sie, wie man Leute beerdigt, die an irgendeinem andern Unglück oder an einer andern Krankheit gestorben sind.

Es gibt ja nicht nur von der Archäologie und von den Naturwissenschaften her neue Erkenntnisse, die uns zwingen, alte liebegewordene Vorstellungen neu zu überdenken, genauer zu verstehen, was zeitlos gültig und was zeitlich bedingt ist. Auch die Psychologie, die Soziologie, die Medizin können uns dazu zwingen. Auch wenn Bräuche und Gepflogenheiten 2000 Jahre alt sind, ist das noch kein Beweis dafür, daß sie auch künftig gelten müssen.

Immer wieder müssen wir diese im Lichte der zentralen christlichen Wahrheiten, der Mensch gewordenen Liebe Gottes und der Gottes- und Nächstenliebe und neuer Erkenntnisse der verschiedenen Wissenschaften neu überdenken und uns vom Heiligen Geist tiefer in die ganze Wahrheit einführen lassen. Ohne einer billigen Anpasserei zu verfallen fragen sich heute manche Eltern, wenn sie ihre Kinder beobachten, die langsam heranwachsen, ob wirklich alles, was früher als schwere Sünde, Todsünde, gegen das Sechste Gebot angesehen wurde, auch Todsünde sei. Und wer das neue Rollenverständnis der Frau nicht blind übersieht und nicht einfach übersieht, daß daran vieles richtig ist, frägt sich, warum Frauen nicht Priester werden können, auch wenn das 2000 Jahre lang nicht Brauch war. Arbeit für theologisches Denken und Argumentieren in Hülle und Fülle.

Die Bischöfe ermahnen uns Theologen in diesem Zusammenhang immer wieder, ihnen, dem kirchlichen Lehramt gegenüber loyal zu sein, die Gläubigen nicht unnötig zu beunruhigen.

Das ist richtig. Aber es gibt ja auch Gläubige, die durch die Langsamkeit und Trägheit des kirchlichen Lehramtes verunsichert sind und nicht nur solche, für die sich alles zu schnell ändert. Und was die Loyalität betrifft, so kann das keine Einbahnstraße sein, weder in der Familie, noch im Geschäft, noch in der Kirche. Wenn die Theologen gelegentlich vorschnell oder sensationslüstern waren, so haben die Bischöfe und das Lehramt ebenso oft die echte Sorge der Theologen verkannt, die kirchliche Lehre nicht rückständig und hinterwäldlerisch werden zu lassen und sich selber in ein immer engeres Getto hineinzumanövrieren. Das kirchliche Lehramt hat Theologen verurteilt und abgesetzt. Und wenn das Lehramt dann nach Jahrzehnten oder Jahrhunderten ihre Pioniermeinungen schlußendlich doch übernommen hat oder übernehmen mußte, dann hat sie diese Pioniere meistens nicht etwa rehabilitiert, sondern nicht selten ganz einfach behauptet, das kirchliche Lehramt, die Kirche hätten diese Lehre immer vertreten.

Keine Gemeinschaft kann ohne Loyalität existieren.

Aber die Loyalität muß in allen Richtungen wirksam sein. Die Aufgabe, sich immer neu um die Wahrheit zu mühen und keine Anstrengung zu scheuen, muß von allen ernstgenommen und von allen unterstützt werden. Die Kirche muß als Ganzes unterwegs bleiben. Sie braucht Kundschafter und sie braucht eine Nachhut, und beide müssen miteinander in Fühlung und – wenn auch mit Abständen – so doch gemeinsam unterwegs bleiben.
Mit dem Universitätssonntag, den die Schweizer Bischöfe ins Leben gerufen haben, zeigen sie, daß sie das grundsätzlich bejahen, so wie die Theologen, die ich kenne, grundsätzlich bejahen, im Dienst der Gemeinde und der Kirche zu stehen. Die Kirche gedeiht, wenn jeder, die Bischöfe, die Theologen, jeder Mann, jede Frau, jedes Kind in der Kirche *die* Gnadengaben verwirklichen dürfen, die ihnen vom Heiligen Geist geschenkt worden sind. Und das alles in Freimut und Liebe geschieht. Nur so kann die Kirche ihre Aufgabe erfüllen, Zeichen für das Reich Gottes und Wegweiser zu Gott zu sein. Und nur solange als die Kirche ihre Aufgabe erfüllt, nur so lange hat sie von Gott her Existenzberechtigung.

Quellenverzeichnis zu den Abbildungen

1 Katholische Schulbibel, Herder-Verlag Freiburg i. Br. 1950, 39.
2 O. Keel/M. Küchler/Chr. Uehlinger, Orte und Landschaften der Bibel Bd. 1, Zürich/Göttingen 1984, Abb. 56.
3 Ebd. Abb. 79.
4 Rollsiegelabdruck aus Schech Hamad: Copyright: Grabung Tall Schech Hamad, Universität Tübingen, Leitung: Prof. W. Röllig/Dr. H. Kühne.
5 Nach Schülerinnenzeichnung im «Stern» vom 29. Dez. 1968.*
6 Nach M. Tosi/A. Roccati, Stele e altre epigrafi di Deir el Medine (Catalogo del Museo di Torino Vol. 1) Turin 1972, S. 102f.*
7 A. Schramm, Der Bibelschmuck der Frühdrucke Bd. 17, Leipzig 1934, Taf. 10, Nr. 29.
8 Nach W. Braunfels, Die Heilige Dreifaltigkeit, Düsseldorf 1954, Taf. 10, Nr. 17 (Ausschnitt).*
9 O. Keel/M. Küchler/Chr. Uehlinger, Orte und Landschaften der Bibel Bd. 1, Zürich/Göttingen 1984, Abb. 99.*
10 A. Schramm, Der Bilderschmuck der Frühdrucke Bd. 16, Leipzig 1933, Taf. 42, Nr. 328.
11 Aus A. Schramm, Der Bilderschmuck der Frühdrucke Bd. 17, Leipzig 1934, Taf. 125, Nr. 350.
12 Nach einem Photo des Metropolitan Museum, New York.*
13 U. Winter, Frau und Göttin (Orbis Biblicus et Orientalis Bd. 53) Freiburg/Schweiz und Göttingen 1983, Abb. 248.
14 N. Haas, Anthropological Observations on the Skeletal Remains from Givat ha-Mivtar, in: Israel Exploration Journal 20 (1970) 56 Fig. 6.
15 Nach H. Gutberlet, Die Himmelfahrt Christi in der bildenden Kunst, Straßburg 1935, Taf. II.*
16 O. Keel, Die Welt der altorientalischen Bildsymbolik und das Alte Testament, Zürich/Neukirchen ³1980, Abb. 374.
17 Karikatur von Tomi Ungerer aus H. Padrutt, Die Auto-Pest. Macht uns das Auto unabhängig?, Diogenes Verlag Zürich 1978, S. 53.
18 Nach einem Relief Assurbanipals im Britischen Museum. Photo des Verfassers.*

19 O. Keel/M. Küchler/Chr. Uehlinger, Orte und Landschaften der Bibel Bd. 1, Zürich/Göttingen 1984, Abb. 105.*
20 F. Dürrenmatt, Bilder und Zeichnungen, Diogenes Verlag Zürich 1978, Taf. 30.
21 Rekonstruktion von W. Andrae in: H. Greßmann, Altorientalische Bilder zum Alten Testament, Berlin und Leipzig 1927, Abb. 480.
22 Nach E. Strommenger/M. Hirmer, Fünf Jahrtausende Mesopotamien, München 1962, Taf. 53.
23 H. H. Nelson u. a., Later Historical Records of Ramses III. Medinet Habu II (Oriental Institute Publications 9) Chicago 1932, Taf. 111.
24 O. Keel, Die Welt der altorientalischen Bildsymbolik und das Alte Testament, Zürich/Neukirchen [3]1980, Abb. 399.*
25 G. Rühlmann, «Deine Feinde fallen unter deine Sohlen», in: Wissenschaftliche Zeitschrift der Universität Halle. Geisteswissenschaften 20 (1971) S. 74d, Abb. 21.
26 O. Keel, Die Welt der altorientalischen Bildsymbolik und das Alte Testament, Zürich/Neukirchen [3]1980, Abb. 494.*
27 F. Dürrenmatt, Bilder und Zeichnungen, Diogenes Verlag Zürich 1978, Taf. 45.
28 O. Keel, Die Welt der altorientalischen Bildsymbolik und das Alte Testament, Zürich/Neukirchen [3]1980, Abb. 429.*
29 N. de G. Davies, The Tomb of Rekh-mi-Rē' at Thebes, New York 1943, Nachdruck 1973, Pl. 58 f.
30 N. de G. Davies, The Tomb of Amenemhē (Nr. 82), London 1915, Frontispiz.*

Das * bei der Quellenangabe bedeutet, daß die Zeichnung von Frau Hildi Keel-Leu angefertigt wurde.

Entstehungs- und Sendedaten

Die Ungerechtigkeit Gottes . . .
Wort zum Sonntag vom 13. September 1980

. . . die vielleicht doch Gerechtigkeit ist
Wort zum Sonntag vom 27. September 1980

Das Durchsetzungsvermögen Gottes
Wort zum Sonntag vom 29. November 1981

Gottes offenbares Geheimnis – der Dreieine
Wort zum Sonntag vom 4. Juni 1983

Gottes Vorstellung vom Zentrum
Wort zum Sonntag vom 11. Dezember 1982

Die Liebe, die den Tod überwindet
Wort zum Sonntag vom 8. Januar 1982

Jesus ist in den Augen der Menschen kein vorbildlicher Mensch
Wort zum Sonntag vom 11. April 1981

Das Problem, angenommen zu werden
Predigt vom 12. Mai 1983 in Sankt Theres, Freiburg

Die Seligkeit der Mücken
Zum 80. Geburtstag meines Vaters – Predigt vom 26. Juni 1983 in der Pfarrkirche Risch

Allerhand Abhängigkeiten
Wort zum Sonntag vom 9. Januar 1982

Ein Fall von Götzendienst
Wort zum Sonntag vom 18. Juni 1983

Der traurige Glaube an militärische Gewalt
Wort zum Sonntag vom 26. Juni 1982

Predigt das Alte Testament den Glauben an die Gewalt?
Wort zum Sonntag vom 28. August 1982

Niemand bleibt von der Versuchung zur Gewalt verschont
Wort zum Sonntag vom 23. Januar 1982

Wenn man schlecht über uns redet
Wort zum Sonntag vom 10. Januar 1981

Kindlichkeit im Sinne des Evangeliums
Wort zum Sonntag vom 25. April 1981

Beten und Schlafen
Wort zum Sonntag vom 12. Juni 1982

Das Erhalten der Weltordnung durch Trampeln
Wort zum Sonntag vom 12. Juli 1980

Familie im Kleinen, Familie im Grossen
Wort zum Sonntag vom 9. Oktober 1982

Die Angst vor den Russen und die Arbeit am Frieden
Übungswort anlässlich eines Wort-zum-Sonntag-Seminars, 8./9. November 1983

«Menschenfresser»
Probe-Wort-zum-Sonntag vom Oktober 1979, auf Grund dessen ich als Wort-zum Sonntag-Sprecher engagiert wurde

Fremdarbeiter in Ägypten und anderswo
Wort zum Sonntag vom 24. Januar 1981

Heuchelei der Männer
Wort zum Sonntag vom 26. Juli 1980

Adam und Eva
Wort zum Sonntag vom 11. Juli 1981

Tiere sind weder Menschen noch Ware
Wort zum Sonntag vom 25. Juli 1981

Gärten wie Friedhöfe
Wort zum Sonntag vom 24. April 1982

Bodenrecht und -unrecht
Wort zum Sonntag vom 22. Januar 1983

Ein innerkirchliches Problem
Predigt vom 27. November 1983 in der Pfarrkirche Sankt Theres, Freiburg